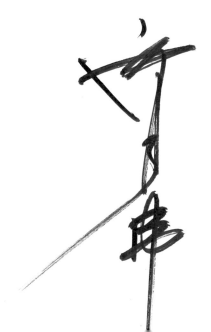

世界是设计出来的

贾 伟 ◎ 著

中国出版集团
中译出版社

图书在版编目（CIP）数据

世界是设计出来的 / 贾伟著 . -- 北京：中译出版社 , 2023.1
ISBN 978-7-5001-7240-6

Ⅰ.①世… Ⅱ.①贾… Ⅲ.①商业管理 Ⅳ.① F712

中国版本图书馆 CIP 数据核字（2022）第 224893 号

世界是设计出来的
SHIJIE SHI SHEJI CHULAI DE

著　　者：贾　伟
策划编辑：龙彬彬
责任编辑：龙彬彬
营销编辑：马　萱　纪菁菁

出版发行：中译出版社
地　　址：北京市西城区新街口外大街 28 号 102 号楼 4 层
电　　话：（010）68002494（编辑部）
邮　　编：100088
电子邮箱：book@ctph.com.cn
网　　址：http://www.ctph.com.cn

印　　刷：北京中科印刷有限公司
经　　销：新华书店
规　　格：880 mm×1230 mm　1/32
印　　张：8.5
字　　数：200 千字
版　　次：2023 年 1 月第 1 版
印　　次：2023 年 1 月第 1 次印刷

ISBN 978-7-5001-7240-6　　　定价：79.00 元

版权所有　侵权必究
中　译　出　版　社

名家推荐

我们的生活处处离不开设计，正如本书的名字一样，整个世界都是设计出来的。走进贾伟的设计世界，我更加坚信真正的好设计必须要从中看到灵魂，这个灵魂就是更多元、更普惠、更有温度，让世界变得更美好。

——冯仑

（中国民生银行创业董事）

元宇宙中，设计与生产是统一的，生产与消费是统一的。未来所有消费品都必须具备美和艺术的元素，产业链的价值中枢将向设计端迁移。世界或许是上帝设计的，但元宇宙一定是人设计的。

——赵国栋

（元宇宙产业智库委员会执行主席、元宇宙产业委员会执行主任委员、开普云首席战略官、元宇宙三十人论坛学术委员会主席、元宇宙产业基地首席执行官、中关村大数据产业联盟秘书长、首本《元宇宙》著者）

名家推荐

贾伟兄又要去探索"元宇宙"了,对世界充满好奇和渴望、勇为人先的贾老师,永远跑在我们的视线边缘,"望尘莫及"就是对他的背影最好的感叹。愿他一往无前之余,也把新世界的美分享给大家。

——马东

(爱奇艺前首席内容官,米未创始人 CEO、制作人、主持人)

作为一个普通人,一直觉得个体总是谦卑地在世界的拘束里寻找生存的空间。我的艺术家朋友贾伟显然不是这么想的。读了他的新书《世界是设计出来的》第一个反应是,如果世界上有更多的设计师,这个世界会更可爱吧。贾伟说,设计在今天早已不再是单一的功能性物品,而是演变成了一种生活方式、一种新型社交、一种顶层思维、一种生产力,甚至是一份爱……看过他的作品,再读他的书,我觉得人类的悲欢应该还是相通的。

——须聪

(麦当劳中国 CMO)

名家推荐

设计是一种思维范式,《世界是设计出来的》正是为我们揭示了通过设计思维认知世界的方式。设计是对世界的解构,也是对世界的建构;设计既解构自然世界,也直抵内心宇宙。对!世界是设计出来的!这里的设计来源于人类的头脑,也来源于先验于人类的广袤智慧。

——高登科

(清华美院社会美育研究所学术主持)

如果说,世界是天、地、人,那么它必然是自然的。认知这个自然世界,就要有一双发现的眼睛,一颗普惠的心灵,一个寻找规律的大脑。究其过程,已自觉地为世界所设计,同时世界也被不自觉地设计出来。在元宇宙语境下,贾伟从他的"前路"一路走来,在世界与设计间发出了清晰的"是"的声音……

——王鹏江

(教授、评论家、书法家、中国数字书法研究中心主任)

推荐序一 设计师的新使命

为什么设计在当今变得如此重要？因为在过去的 20 年里，设计师已经不再只是单纯的设计师，设计公司也不再只是单纯的设计公司了。

设计师可以是潮流创造者，
设计师可以是工艺家，
设计师可以是艺术家，
设计师可以是策展人，
设计师可以是作家，
设计师可以是文化研究学者，
设计师可以是意见领袖，
设计师可以是企业家，
设计师可以是知名 IP，
设计师可以是环境保护者，
设计师可以是社会改革者……

在过去几十年里，世界各地的设计公司纷纷开发出各具影响力的新模式。例如荷兰的飞利浦（Philips）不仅是世界上最大的电子品牌之一，它下属的飞利浦设计集团（Phillips Design Group）作为全球最大的设计集团，更是开发了一套全球同步运营的模式。又例如美国芝加哥的德布林（Doblin），创办人杰伊·德布林（Jay Doblin）及继承者拉里·基利（Larry Keeley）在 20 世纪 80 年代提出一套基于设计，同时融合社会学、科技和商业策略等元素的创新方法论。此创新方法论，影响了整个美国甚至全球企业数代的发展。另外，美国加州还有另一家同样具有影响力的设计公司 IDEO，它近年来在蒂姆·布朗（Tim Brown）的领导下整合出了一套设计思维（Design Thinking）的理念，这一理念已成为全球教育界的新路标，而这一理念的重点正是倡导所有人都成为智慧设计的使用者和追随者。

中国改革开放 40 多年的高速发展，是人类发展史上的一个奇迹。而在这一奇迹中，中国的设计界也出现了数位传奇人物，洛可可的创始人贾伟就是其中之一。

不仅贾伟个人具有以上各类型设计师的特质和魅力，他领导的设计公司在过去短短二十多年更是一浪接一浪地突破发展，如今已成为拥有一千多名员工的设计集团，规模也已经超越了很多世界顶尖的设计公司。这个奇迹的确在中国发生了，亦只有在中国才可能发生！而贾伟也完美诠释了中国的谚语：英雄造时势，时势造英雄。

阅读着贾伟辉煌的过往，我更期待他能以自己的影响力再创更多奇迹。愿中国的设计师能发展出崭新的思想，一套具有长久影响力的理论，一个蕴含中华文化的设计主义，协助推动社会发展，惠及所有人。

刘小康

国际著名设计师、艺术家、品牌大师

靳刘高创意策略创办人

铜紫荆星章获得者

亚洲设计连副主席 tDAA/ 香港设计及创意产业总会主席 FHKDCI

华英会设计师联盟 – 顾问

推荐序二

艺术家，给人类带来了自由

我从小就相对更喜欢也更擅长数理化，不会画画、不会乐器，甚至不会唱歌。看到美的东西只会说："哇，真好看。"其他，就啥也不会了。

所以，我的周围，也是理工科的朋友更多一些。基本上不认识艺术家。所以，有机会认识贾伟老师，真是一件神奇的事情。

我和贾伟老师认识，是因为共同参加过一些活动，也一起做过一些直播。但真正让我对贾伟老师印象深刻则是他提到元宇宙时说的两个观点。

第一，元宇宙应该拥有超感官体验。

我听到这句话时，整个人一震，感觉脑子被锤了一下。这是我从没想过的。

我一直说，人有五感：听觉，视觉，触觉，嗅觉，味觉。互联网连接了听觉和视觉。元宇宙，正在尝试连接触觉，然后是嗅觉、味觉。五感在虚拟世界越真实体现，我们就越具备"移民"到元宇宙世界的条件。

但是，贾伟老师说，为什么？为什么一定是这五感？为什么我们不能拥有对色彩的超感官体验？为什么我们不能拥有超速的下坠感？为什么我们不能跑得比风还快？为什么我们不能尝到颜色的味道？在元宇宙的世界，我们为什么还要被五感束缚？

我通过直播间的镜头，盯着贾伟老师看了好半天。那是我第一次意识到，我和艺术家，从本质上是不一样的。

第二，在元宇宙的世界，设计即产品。

我听到这句话时，整个人又一震，感觉脑子又被锤了一下，如同醍醐灌顶，豁然开朗。

在现实的世界，我们也是先"设计"一个杯子，然后把杯子"制造"出来。我们"设计"一件衣服，然后把衣服"制造"出来。我们"设计"一个家，然后把家"制造"出来。

但是，到了元宇宙，到了那个虚拟的世界，我们不需要"制造"任何东西了啊。设计出来，我们就看到了，我们就摸到了，我们就拥有了。

在元宇宙，就像这本书的名字《世界是设计出来的》。

我突然意识到，所有的艺术家，都是那么地无拘无束、天马星空，原来是因为他们的灵魂没有被"本宇宙"的肉身所束缚。所有的艺术家，天生都活在自己的"元宇宙"。在那个宇宙里，世界是设计出来的。

那一刻，我特别羡慕，羡慕贾伟老师这样的自由灵魂。

后来，有幸受到贾伟老师的邀请，请我给他的这本新书《世界是设计出来的》作序。我就立刻想到以上两个在我看来只有真正的艺术家才能有的观点。

贾伟老师说，请我从理工科的角度，讲讲自己对设计、对艺术的看法。

哎呀，让肉身评价灵魂，有点勉为其难呢！那我就用一段文字来分享在一个理工男眼中什么才是艺术家，分享一个理工男对艺术家的膜拜。

艺术家是什么？艺术家是黑客。而艺术作品，就是黑客的代码。

什么意思？在一个理工男看来，人体内，是有一套"奖惩机制"的。这套"奖惩机制"是DNA（基因）为了繁衍，生命为了延续而创造的。你做了清单上的一些有利于生存、繁衍的事情，人体就会分泌出一些令你愉悦的化学物质，作为对你的奖励。但你要是不做呢？人体就会分泌出另一些物质，让你痛苦。

从这个角度来说，人体是DNA的宿主。

但是，设计再精妙的奖惩机制，也会有漏洞。聪明的人类发现，看一幅美丽的画、听一首美妙的歌，会使自己或心生愉悦，或潸然泪下，或心潮澎湃，虽然这对生存、繁衍没有任何帮助。

为什么？因为艺术家在无意中找到了一些特殊的刺激物，通过人体的感官，把这些刺激传入人体，可以让奖惩机制的代码短路，使人体直接分泌化学物质。DNA很想将其修复，但是这套机制的代码量实在是太庞大了，所以，几十年甚至上千年来都没能修复。

而且，通过艺术品"黑"进奖惩机制分泌的化学物质，量很小，也不值得修复。所以，几千年来，人类就利用这个漏洞和DNA的容忍，来取悦自己，在艰难的生活中，找些乐趣。

艺术家，都是黑客。他们给人类找到了自己控制化学物质分泌的方法，使人类不完全受制于DNA。

艺术家给人类带来了自由。

我不知道，贾伟老师是不是认同一个理工男对艺术家的看法。但是，我要感谢艺术家，因为你们的创造，人类变得更幸福；因为你们的设计，世界变得更美好。

祝愿每一位读这本书的人，都能让自己的人生更幸福，让自己的世界更美好。

刘润
润米咨询创始人

自序

设计永远不会被销毁
因为创造和价值永存

我在进行《如花三生》绘画作品创作的过程中，画了一幅黑暗抑郁的作品《如花 2018.7.8》。

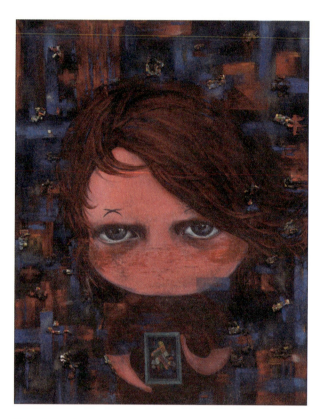

图1 《如花 2018.7.8》

一位好友来画室探班，看到这幅画，问我："透过这幅画我看到了无尽的绝望，是什么样的情绪让你如此表达？"

我说："那我们从 2018 年 7 月 8 日再往前的两天说起吧。"

2018 年 7 月 6 日晚上，我正在为"得到 app"的《跟着贾伟学设计》线上课忙碌地做着准备，最后一个离开公司。走出公司前，我看了一眼公司 14 年来设计的各式各样的产品、获得的国内外各大奖项的奖杯、奖状，还有墙上贴着的设计师小伙伴们的设计手稿，回顾这 14 年来自己的设计旅程，从一个小小的指甲刀，到智能蜂箱、医疗设备，再到水电站、C919 大飞机、天宫一号和二号……一股自豪感从内心油然而生。因为立志要挺起中国设计的脊梁，我一直在努力着，我想现在我可以抬起头自豪地跟客户说："不要问我能设计什么，要问我什么没设计过。"

可是这一切在一天后彻底发生了改变。一场意外大火，把被我们设计师称为"月光宝盒"的洛可可设计大厦——我们的设计家园，我们的设计世界，一夜之间烧为灰烬。前一天晚上我还在为之骄傲的设计产品、奖杯、奖状、设计稿，还有待完成的设计方案，全部在火里化为乌有，同时化为乌有的还有我们的作品、我们的战果、我们的荣耀、我们的精神家园……我站在被烧毁的大楼前，面对眼前的灰烬，面对伤心痛苦的设计师小伙伴们，呆滞了很久，大脑一片空白，人生第一次如此不知所措，我真切地感受到什么叫心如死灰。

我低头转身，想逃避眼前坍塌的一切，但是就在我转身的瞬间，我的余光扫到了旁边的另一栋楼。我慢慢抬头，那是依然坚挺屹立着的洛客大楼。似乎就是这一个转身，这一眼的余光，让我沮丧无助的内心受到电除颤般的治疗，让我停止思考的大脑受到了灵感点播。我睁大眼睛盯着前方的洛客大楼，仿佛重新看见了光。此时此刻，我们5万多名设计师仍然还在平台上为世界各地的客户做设计，和我一起从无到有打下洛可可"设计江山"的合伙人、设计师也都还站在我的身后。最重要的是，这14年来我们为客户设计过的产品，仍然还在世界上的各个角落里为成千上万甚至上亿的人服务着：我们设计的地铁闸机，每天都有无数人穿梭其中；我们设计的文化驿站，给无数人带来了心灵的洗涤；我们设计的乳腺检测设备，帮助过无数女性及早发现、准确治疗乳腺病症；我们设计的上上禅品，作为外交礼把中国文化传递给了全世界……我们依然还在参与着人们生活方式的改变，参与着人们健康安全的守护，参与着中国的崛起，参与着美好世界的建设……

那一刻我突然意识到，烧毁的只是物理空间的办公楼，但我们的理想还在，我们的信念还在，我们的初心还在，我们的设计世界还在。

于是我迅速振作，开始寻找新办公地点，购买新办公设备，答应客户的设计方案如期推进，重新搭建我们的设计家园。而在这个过程中，我也开始梳理自己创业这一路走来的设计旅程，思考设计的本质，思考设计与世界的关系，也开始思考设计的未来。

这便是本书写作的缘起，我想把我的设计世界，以及我对设计的理解，用文字的形式记录下来，与更多的设计师、创业者，以及所有热爱生活、热爱艺术、崇尚创新与美的读者朋友们共同分享。

在本书中，我将按照从微观设计到宏观设计再到未来设计的主线，来阐述世界是如何设计出来的。

在第一章中，我主要谈的是设计的本质。我认为设计的本质是发现问题、解决问题。它需要两个核心：一是创新，以满足人类的审美需求；二是回归人类生活，满足人类的使用需求。关于设计创新，我认为要从"美"的两层含义说起，宏观上，"羊大为美"是一种充分和满足，所以美一定要满足人类需求；微观上，给人类眼、耳、鼻、舌、身、意六感感知带来美好体验。所以无论是从使用满足层面，还是感知体验层面，都需要创新。关于设计回归生活，我一直认为设计需要两心，一是慈悲心，二是同理心，无法拥有大爱的人，是无法回归人类生活而设计出满足大众需求的好物品的。

第二章到第八章，我站在现实世界角度，从生活方式、社交、生产力、顶层思维、万物互联、社会关怀、中国文化这七个层面，通过对洛可可近二十年来设计过的经典案例进行详细拆解，探讨设计给我们的生活带来的方方面面的改变。

在第九章中，我从创新的角度出发，思考在新时代的商业生态环境下，设计将会发生哪些改变。我认为，在新的商业生态环境下，设计将从一个职业升级成为创新驱动的一个重要工具、一种创造性的商业思维和方法，它可以通过颠覆式创新的方式，赋予产品独特的内在意义，打造全新的用户体验，成功创造商业价值和社会价值，驱动新的可能。在这一章中我将重点讲述我们在人工智能和文化IP打造方面的探索尝试。

世界是设计出来的，从物质到精神，从时间到空间，从过去到未来。所以在第十章中，我思考的是，在未来世界，在虚实共生的元宇宙世界，设计会变成什么样子。在我上一本书《元宇宙力：构建美学新世界》里，我提出在元宇宙的世界里，人的感知力系统会升级，我们将看到更多的颜色，听到更多的声音，因而元宇宙产品设计要注重感知力美、认知力美、创造力美和想象力美的四美合一。在元宇宙里，设计师将会拥有很多种身份——艺术家、建筑师、编剧……他们不仅要会UI设计、3D建模、渲染等专业技能，要有极高的审美能力和天马行空的想法，还要设想与相关场景相匹配的剧情和用户的互动行为，建立新的秩序……

自人类文明出现，人类就在不断地设计，以求能在变幻莫测的环境中生活得更好。回顾人类悠长的发展历史，展望人类不断前进的未来，设计从发现问题、解决问题的本质出发，最终成为一种生活方式、一种生产力、一种惠及众生的博爱、一个我们即将抵达的未来。

如今距离那场火灾已经有四年之久，四年的时间里，洛可可依然在持续成长。我们开始做数智设计，设计速度从每年 1 000 个到每年 100 万个产品；我们创造属于洛可可自己的 IP 形象——如花；我们开始探索未来设计，尝试将 NFT（非同质化代币）与设计原创版权结合，将设计的主权交给大众，让每个人都能通过设计表达自己的想象力；我们开始搭建如花的元宇宙世界……

《如花 2018.7.8》这幅画表达的就是那场火灾发生之后，我的这一系列情绪的变化，我把当时从废墟中捡到的还没有被完全烧毁的乐高、计算器粘在画上，来纪念那个对我来说意义深远的时刻。这幅画时刻提醒着我：设计永远不会被销毁，因为创造和价值永存。正是这个信念支撑着我走到了今天。在这本书中，我将多年来自己对设计的理解和感悟与所有的读者共勉、共同交流学习。

最后，欢迎登上《世界是设计出来的》这艘船，我们一起扬帆出发，去领略这个被设计出来的世界。

贾伟
2022 年 10 月于北京

目录 CONTENTS

名家推荐 \ 01

推荐序 一
设计师的新使命 **刘小康** \ 04

推荐序 二
艺术家，给人类带来了自由 **刘润** \ 06

自 序
设计永远不会被销毁 因为创造和价值永存 **贾伟** \ 10

第一章 设计的本质

第一节	什么是设计：表层创新—体验创新—系统创新 - **002**
第二节	什么是整合创新设计 - **008**
第三节	设计师：科学、技术和艺术的平衡大师 - **011**
第四节	世界是设计出来的 - **015**
第五节	设计新定义 - **020**

第二章 设计是一种生活态度

第一节	设计凸显生活质量 - **027**
第二节	设计新消费场景 - **039**
第三节	设计低碳可持续生活 - **048**

第三章 设计是一种新型社交

第一节	生活社交 - **059**
第二节	出行社交 - **067**
第三节	文化社交 - **076**
第四节	数字社交 - **083**

第四章 设计是一种顶层思维

第一节 | 优秀公司的商业之道都是设计思维的运用 - **090**
第二节 | 不能数字化的企业，是时代的弃儿 - **094**
第三节 | 普惠：人人用得起设计 - **101**

第五章 设计是一种生产力

第一节 | 数字化是一种生产力 - **107**
第二节 | 智能化是一种生产力 - **115**
第三节 | 设计始于生产力，又不止于生产力 - **124**

第六章 设计让万物互联

第一节 | 产业互联 - **132**
第二节 | 服务互联 - **139**

第七章 设计让世界充满爱

第一节 | 设计的温度 - **150**
第二节 | 设计为健康护航 - **160**
第三节 | 设计助力社会公共服务 - **167**

第八章 设计强国

第一节 | 设计赋能传统文化 - 180
第二节 | 设计铸就大国重器 - 193
第三节 | 从中国制造到中国设计 - 202

第九章 设计驱动新可能

第一节 | 设计即商品 - 209
第二节 | 一切皆可 IP - 213

第十章 设计元宇宙

第一节 | 创意即流通 - 225
第二节 | 元宇宙设计 - 237

后 记
设计的世界融合真善美　设计的未来是美善真 \ 242

参考文献 \ 246

第一章
设计的本质

什么是设计：
表层创新—体验创新—系统创新

近些年，不管是甲方客户，还是普通的消费者，似乎都很倾向于用"设计感"一词来形容某个产品。只要是新颖的、个性的、好看的，人们都很乐于为之买单。然而长此以往，也难免会让大家，尤其是设计同行们开始反思——到底何为设计，设计的本质又是什么？

我认为设计的本质是：发现问题、解决问题。

设计需要创新

基于设计的本质是发现问题、解决问题，设计就必须要创新。

回顾人类的饮食史，用火烘烤食物可以说是最古老的一种烹饪方法。第二次工业革命后，发明了电力，经过工程师和设计师的共同努力，电烤箱正式问世。这样一回溯，你会发现原来电烤箱是一件已经存在了100多年的老物件了，那么它是如何做到始终在我们的厨房中占有一席之地、不被时代淘汰的呢？

答案就是创新。

没有创新的精神和能力，设计将变得千篇一律，毫无生命力可言，更无法经受时代变迁的考验。只有创新才能为设计注入源源不断的活力，满足人类对美好生活的持续追求。那么什么是设计的创新？

我认为设计的创新主要分为三个层面：表层创新、体验创新和系统创新，并且这是一个进阶的过程。

第一层：表层创新——视觉满足

表层创新指的是产品通过外观的迭代，创造出让人耳目一新的造型，这是设计最基本的创新需求。

一个产品最先吸引人注意的就是它的外观。造型新颖、色彩别致的设计是吸引消费者不可或缺的一个因素，它带有强烈的、主动的感染力，影响着人们情绪和心理的变化，从而达到吸引消费者消费的目的。尤其是当下我们身处的这个"颜值即正义"的时代，人们对产品差异化的需求越来越强烈，好看的产品在市场营销过程中，往往握有主动权。

通用汽车公司早在1926年就成立了"艺术和色彩部"，他们希望通过样式的更迭，来让人们购买一些他们不一定需要，但会很想拥有的更新潮、更时髦的车。他们创立了一种模式，叫作"有计划地废止"，就是预先定好计划，两年一小改动，三四年一大调整，人为地让"式样"老化，从而促使消费者追逐潮流，放弃旧式样，购买新式样。这个模式非常成功，并且迅速在工业界生根发芽，成为社会的一种消费潮流。

由此可见，表层创新设计不仅可以提高产品的附加值，也能增强产品品牌的竞争力，取得超出预期的效果。

第二层：体验创新——感受满足

体验创新指的是通过功能的优化，给人们带来意料之外的服务体验，这是设计进阶性的创新需求。

我和我的设计团队做过很多服务于企业产品功能迭代的设计。例如为北京金茂绿建科技有限公司打造的半自动智能门锁，通过对市场现有的智能门锁产品进行分析，我们对不同开门方式的操作难度和体验舒适性进行总结，并平衡产品外观、功能、人机交互感受、体验等各方面因素后，为客户推荐了更合理的"一握开"硬件方案。这一方案结合3D打印和油泥手模工艺制作，精准还原人机交互感受，解决了现有半自动智能门锁存在的指纹模块与把手分离、需要先验证指纹再抓握把手最后旋转开门，以及把手人机交互舒适性差等问题，为用户打造了一种全新的、绿色健康的、智慧科技的生活体验。

体验创新是产品生命中非常重要的一环，只有结合市场和用户的新需求，不断进行优化，创造出让人感到新鲜、愉悦的体验，不断创造产品价值，才能延长产品的生命周期，使其在历史的长河中永远拥有用户记忆，成为经典。

我在前面提到过产品外观的创新带来的是吸引力，但是究其根本，只有在符合产品功能和结构基础上的外观创新才会有意义。产品内部结构的合理性要满足产品外观造型的需要，让外型与内部结构完美配合，达到协调统一，这样才能使产品不至于变得华而不实、徒有其表，被消费者诟病，真正实现给消费者带来感受的满足和体验的创新。

第三层：系统创新——认知满足

系统创新指的是产品通过体系的提升，实现前所未有的突破，这是设计最高阶的创新需求。

系统创新需要在设计的过程中综合考量前两个层次的创新，即产品的外观工艺创新、实用功能和服务体验创新等各个方面，这便对设计创新提出了更高的要求——需要拓宽产品的边界，颠覆消费者的认知，建立全新的产品观。例如我们通过对滋补行业消费者需求的洞察，以及对中式滋补行业发展问题的总结，创造出鲜炖燕窝新品类的小仙炖（见图1.1）。小仙炖坚持品类创新、模式创新、服务场景创新、供应链创新以及科研创新"五维一体"的创新发展之路，并基于这五个维度，通过"单点突破"与"统一协调"，结合数字化优势，为用户提供一套完整的鲜炖燕窝滋补解决方案，满足了消费者对中式滋补便捷化的需求，开启了鲜炖燕窝新发展模式。在产品创新过程中，洛可可以用户体验为核心，提供了完整的设计解决方案，通过对小仙炖的差异化价值梳理，搭建了一整套全新的品牌形象。设计团队依托结构、品牌、体验系统为小仙炖设计了行业内前所未有的包装瓶型。新瓶型的瓶口从业内统一的小口变成了大口碗形，而底座参考了中国高脚碗的设计，瓶身比例被拉高，更适合女性纤细的手抓握。新瓶体的设计宛如精致的化妆品，兼具美观与实用性，不仅升级了产品的外观，也更贴合国人的碗食习惯，还解决了瓶底死角的问题，从各个细节来传达小仙炖品牌追求爱与美的理念。

图 1.1 小仙炖整套全新的品牌形象设计

设计回归生活

我在学校学习世界设计史时,看到学术界为设计下过一个定义——"conception and planning of the artificial",即对人造事物的构想与规划。"构想与规划"可以理解成设计的过程,通俗一点来讲,也就是如何解决问题。

在生活中我们会遇到各种各样的问题,例如如何在旅行途中吃上一碗热气腾腾的火锅，如何让保温杯里的水迅速降到适宜的温度……所以我们能看到自热火锅、55度杯等这样的设计产品甫一问世，便自带畅销光环，成为火爆全网的产品。

所以，设计不仅仅是一门艺术，更是一门实践性极强的学科，设计要解决的是人生活中从衣食住行到生老病死的所有问题，比如说设计衣服解决的是保暖、美观、遮羞问题，设计汽车解决的是出行问题，设计手机解决的是通信问题，设计沙发解决的是休闲娱乐问题……好设计永远是因需而生的，只有满足了用户需求，经得起市场检验的设计，才能称得上是优秀的设计。

设计不是表演秀，它的本质不是为了哗众取宠、博眼球、赚关注度，也不是为了标新立异、表现自己。设计作为一门实用艺术，是要深入到用户中去，站在用户的角度，解决困扰用户的实际问题，并在此基础上，进行变革和创新，以适应不同用户、不同阶段的不同诉求，为人们创造更加美好的生活。

现在是信息时代，人们需要的是离生活最近的东西。回到生活的原点——我认为这才是一个设计师真正应该做的事情。

设计回归生活，才能让人类生活更加美好。

基于在工业设计行业深耕近二十年的经验和心得，我提出了以上设计的核心本质：发现问题、解决问题。也正是因为设计的核心本质是既要造福全人类，又要满足创新的三个层面要求，这倒逼设计必须进行整合，所以出现了整合创新设计。

什么是整合创新设计

我创业以来，从第一浪洛可可（整合创新设计公司），到第二浪洛客（共享设计平台）、第三浪水母智能（智能设计平台）、第四浪产业互联（产业互联设计平台），再到未来的第五浪，这一路走来，摸爬滚打，渐渐领悟到，设计的过程其实就是整合创新的过程。

设计的最终目的是要创造价值，而整合创新就是将价值最大化。

整合是交融，是集中，是统一；创新是首创，是革新，是分离。二者相互对立，但又互为补充，缺一不可。如果缺乏整合的能力，那么设计就会脱离现实，看似新颖，实则无用；如果做不到创新，那就无法满足用户多元的诉求与期待，达不到良好的市场效果。

要想做好整合创新设计，一定要具备整合创新思维。

所谓的"整合设计创新思维"也就是对与设计项目相关的各个因素进行综合处理，包括前期对市场的洞察、定位，产品设计，后期的产品转换、销售等各个环节的关键点的关注，从而得到解决问题的全方案，同时还要运用创新的思维方式，激发创作灵感，找到新的解决问题的手段。

那么我们应该如何将整合设计创新体系融入具体设计过程中呢？

第一步：找准用户。

前期应进行市场调查，全面分析精准用户画像，得到最准确的用户及用户需求，并根据用户的需求，从用户视角、用户场景、用户体验各个方面，站在用户的角度全面地思考有什么痛点需要解决，有什么需求要被满足……

第二步：打造产品。

只有找准用户和用户需求，才能确定开发何种产品，选择何种技术、商业模式，并推动相应产品的开发生产。在这个过程中，需要根据产品的生命周期，协调研发、营销、运营，理解和配合相应的产品策略，以及其他一系列相关的产品管理活动。想要做出好的产品，必须找对产品的方向，并在设计的同时跟踪研发、关注整个生产过程，运用整合思维对这三个环节同时把关。

第三步：提供价值。

在打造产品的过程中，还要考虑用户体验交互设计，以及产品品牌视觉也要和工业设计公司的整体形象统一，这就对设计师提出了更高的要求。除了工业设计以外，还需要掌握交互设计、品牌设计、视觉设计，等等。既要精准地传递出产品为用户提供的价值，也要考虑产品营销为企业本身提供的价值，还要考虑能为社会提供什么价值。

在整合设计创新体系中，设计师不仅需要整合企业在产品开发中的各个环节的需求，还需要整合不同设计角色之间的工作，以促进产品达到最好的效果。工业设计师不仅需要专注产品设计，还要去接触平面设计、品牌设计、交互设计、视频制作等。设计师的技能范围越来越广，也就意味着设计师之间的分工越来越模糊。设计分工界限模糊化并不是一个贬义的概念，反而预示着现代设计师的综合能力越来越重要。如何有效利用这些跨界的技能，才是设计师应该去思考的问题。客户不仅希望设计师能做出好的设计方案，还希望其能帮助他们找到合适的供应商，以便解决产品后期的诸多问题。只有恰当地运用"整合设计创新思维"，才能深入地理解产品以及企业需求，为企业提供全流程的服务。

设计师：
科学、技术和艺术的平衡大师

设计在我们的生活中发挥的作用越来越大，这也意味着对设计师的要求也越来越高。

设计师是创造者，但同时也是连接者，连接生产，连接技术，连接商品……一个设计师要考虑使用者的感受和体验、产品的制作成本，还要兼顾它的社会文化价值和商业价值。无论忽视哪一方面，都无法创造出好作品。因而也可以说，设计师是科学、技术、艺术的平衡大师，一个成功的设计师要把设计价值完美转化为商业价值，使设计价值与商业价值实现最大程度的共赢。

那么设计师该如何培养这种平衡能力呢？

首先，学会生活

有人说设计师得是了解科学发展的科学家，是有欣赏品味的艺术家，是了解人群的人类学家，是视设计为终身事业的事业家，是了解商业需要的企业家，是有创造激情的诗人……我觉得设计师更应该是生活家。

设计师的设计水平和创新能力很大程度上来源于对生活的体悟。需要观察生活、理解生活、始终保持对生活的热爱与好奇，提升自己的学习、发现、整合、创新能力，对新知识、新科技、新动态、新时尚始终保持敏锐的洞察力，并进行有目的的思考和创造。只有能够发现美、欣赏美、享受美、感悟美的人，才能够生产美、创造美。

我是宁夏人，在腾格里沙漠旁边长大，小时候经常骑着骆驼到沙漠里看星星。那时候每次仰望璀璨银河，我都会觉得世界好美。

可是我们忙碌的设计师，已经有多久没有仰望星空好好地感受一下生活了？

于是我在我的家乡宁夏发起了一个名叫"仰望星空"的活动，带着设计师和摄影师在宁夏、西双版纳、日本各地仰望星空，一起看灿烂的银河、各种星座，感受大自然之美，从一个设计师回归为一个生活家。

这个活动到现在已经办了400多场，未来还将继续办下去，我希望能让所有的创造者都从浩瀚的宇宙中感受到生生不息的想象力，找回生活中久违的渴望与感动，然后在设计中把这种感受反馈给这个真实的世界。

先懂生活，再谈设计，这始终是一个不变的逻辑。

其次，要在工作中养成良好的工作习惯

提起设计，可能很多人首先想到的就是灵感，但是在我看

来，如果单靠灵感来做设计是非常累的，因为在实际的工作中，设计师要完成的任务是接连不断的，仅仅依靠灵感是绝对无法承担这么大的工作量的。一个优秀的设计师必须具备掌握好的设计方法、好的设计流程、好的设计理念的素质。

在洛可可，设计师工作的一个特点就是重视前期工作，包括调研，资料的搜集、整理、归纳和分析，我还要求设计师们在开始设计工作之前进行一场头脑风暴。比如在设计一款手机之前，我们会充分了解产品的设计需求，并对整个市场情况做一个详细的调研和分析，包括对竞争对手产品的分析，对现有高低端产品的使用人群、使用材料、加工工艺、制造成本等的分析，把整个前期工作都做到位。我把这个过程比喻为"运功"，就好比练气功，先把气运到位了，才能够很好地发力。

我们以项目组的形式进行设计的研究和开发，同时头脑风暴贯穿项目开发的全过程。保证设计师之间、设计师与客户、设计师与最终用户的沟通畅通无阻，这是做好设计的关键。同时我们强调设计过程的质量控制，从草图绘制、2D表现、3D建模和渲染，到结构的概念设计和详细设计，每一步都要经过严格的评审。

在我看来，设计师只有参与了这样的过程，并且始终保持着这样的工作思维，才能做好平衡，最终设计出好的产品。

最后，要始终有用户思维

这就回到第一节我们讲的设计的本质上。既然设计的本质是要解决问题，那么设计师就要始终拥有用户思维，站在用户的角度,才能真正解决用户的实际问题。

现在的设计师早已不是传统意义上只对美学有研究的一个职业,而是有个性和独立人格的个人,需要将自己化作用户,真正找到用户的痛点并共鸣,然后用作品表达出来。比如乔布斯做苹果手机,是因为他觉得这个手机不好用,觉得那个手机也不好用,所以决定自己来做一个。

我认为一款好的产品要非常非常好看、非常非常好用、非常非常好卖,而好看、好用、好卖的底层出发点,便是用户视角。比如在设计一款医疗产品时,为了准确挖掘用户的深层次需求,我们的设计师像人类学家一样进行了田野调查,深入了解患者和医护人员,到医院、病房等特定场景下进行同理心切换和情景模拟,切身感受产品在整个体验路程中的接触点,感受医患的心理波动并初步提炼出解决问题的方法。设计师的思考视角不再是"我要为医患解决这个问题",而是"我要为我自己解决这个问题"。实践证明,这种思维视角的切换能让最终的结果超出预期,设计师将获得的第一手资料转化为专业的语言,推导出科学的产品定位并指导产品设计,最终设计出能满足用户需求的医疗产品。

世界是设计出来的

从每天早上在闹铃声中醒来,到晚上上床睡觉后呼唤"小爱关灯";从新生儿呱呱坠地后用到的奶瓶,到往生极乐世界的福寿盒;从一份摆盘精美的食物,到一段轻盈曼妙的舞蹈……自我们睁眼看见世界的那一刻,设计就无处不在。

在本节,我将从物质与精神的需求、时间与空间的维度,和大家一起走进设计的世界。

设计出物质世界

世界是设计出来的,我们眼睛看到的、耳朵听到的、手触摸到的,凡是现实存在的一切事物,都有设计的功劳。

不论你是在商场购物,还是在餐厅吃饭,不论你是在办公室工作,还是乘火车出行,都能发现设计的踪影。

大到建筑、家电、交通工具、医疗设备,小到餐具、易拉罐、笔记本、指甲刀,远到三星堆里的文物,近到蔚然成风的新国潮,设计覆盖了生活的方方面面。它犹如空气一般融入我们的生活，牵动着我们的神经，从各个方面影响着我们每个人每一天的各种活动，装点着我们赖以生存的物质世界。

设计出精神世界

设计在让我们的物质世界变得越来越多姿多彩的同时，也在丰富着我们的精神世界。

那些历史悠久的民俗文化、风土人情，丰富了世界文明形态与现代人的精神生活，这背后自然也少不了设计的身影；电影《流浪地球》所构建的科幻世界，开拓了我们的想象力，电影里出现的行星发动机、地下城、载具、武器、外骨骼装甲、空间站等震撼场景，都离不开设计的画龙点睛；还有你现在手上正在阅读的这本《世界是设计出来的》，从章节结构、遣词造句，到字体插图、排版装帧，再到思维方法、经验故事，也无一不蕴含着设计的智慧……

设计之所以能让世界变得更美好，是因为它既让我们享受到了物质带来的便利和幸福，也让我们获得了精神上的愉悦体验。

设计出世界的纵坐标

维克多·马格林（Victor Margain）在《世界设计史》中写道："今天，我们见证了设计广泛的包容性，它们的共同特点是将世界看成一个整体。"

世界的一切都是设计出来的,从设计史中我们看到不同时期设计出来的典型作品和经典风格,这不仅是某件具体的物品,还包括某种文化:当原始陶器出现的时候,其设计的不仅是生活工具,而是原始文化;当手工艺品出现的时候,其设计的不仅是手工艺产品,还是手工业文化;当机器开始出现的时候,其设计的不仅是一种机器产品,还是一种机器文化;当汽车、飞机出现的时候,其设计的不仅是一种代步工具,还是一种工业文化;当手机、电脑出现的时候,其设计的不仅是一种通信工具,还是一种信息文化……

不同时期,设计的形式和意义也各不相同。

以中国为例,早期的人类社会是游牧式的,人们靠打猎和采集野生食物来维持生活。随着生活模式的改变,为了寻找新的食物来源,轻巧、便携、适应性强便成了设计的主要标准。随着更多以农业为基础的定居型乡村社会的发展,为了适应新型的生活方式,一大批不同特色和形式的设计又迅速涌现出来。

随着有固定生活方式的农业社会的出现,手工艺的专业化得到了更高层次的发展。到了城市化阶段,因财富不断积累,人们也滋生了各种奢华的需求,这些需求吸引了越来越多的专业技艺超群的手工艺者,设计因而变得更加华丽。

设计出世界的横坐标

艺术设计是文化的载体,不同国家或地区的艺术设计都代表着自己独特的文化,设计风格代表着一个国家或地区的性格。例如德国的产品设计强调功能主义原则,高质量、功能化、低调的机器外表与色彩是其产品设计的主要特征，这和德国理性、严谨、保守主义的文化不无关系。德国包豪斯运动开创的世界工业设计革命，抛弃了作坊式的手工艺生产方式，又克服了工业革命初期产品粗制滥造的弊端，首次提出了把技术与艺术相结合的口号，推动了德国经济的超前发展。直到今天，德国产品始终保持着很强的竞争力，这不仅与科技有关，还与德意志民族的文化艺术传统有着密切的关系。

美国传统设计以实用、合理而著称，美国工业设计的原则首先是为人服务，设计要为人服务，就要特别注意安全标准。另外，美国人追求多元化、崇尚冒险与创新的精神反映在工业设计新趋势中，就表现为高科技的应用和大胆幻想、高情感的投注和多元文化，由此新品层出不穷。美国工业设计界十分注重产品的个性，将个性放在第一位。

日本设计体现的是一种古典、自然、伤感、极简的美，常利用简单的几何形态和大面积的单一色彩，配以必要的镶条，使产品给人以简练和富有时代感的印象，这主要是由于日本推崇物哀文化。

……

每个国家都有自己的设计革命，不同的国家文化定义了不同的设计风格，让世界变得更加丰富多彩。

设计不仅具有艺术性，还具有功能性、社会性、人文性；设计不仅关注现实与物质，也关注虚拟与精神。我很喜欢英国广播公司（BBC）的一部纪录片——《设计天赋》，内容是多位世界知名设计师和设计评论者的采访，通过回望设计的历史，探索设计的未来，让人们更深刻地感受到设计的重要性。我记得在纪录片的第一集《设计之魂》中，有一位设计师说过，设计就是从点滴做起，创造一个更好的世界。

这些年，无论是成立洛客开拓共享设计模式，还是提出"人人都是设计师"的观点，又或者是以"挺起中国设计之脊梁"为使命，我对未来始终充满希望。不管是通过人也好，机器人也好，人机结合也好，我希望设计能使我们的世界变得更美好，让设计无处不在。

我们生活在一个处处都是设计的世界，每个人的生活都和设计密不可分。随着人们生活方式和理念的变化，设计在今天也有了新的定义。

设计新定义

工业革命前后的设计

早在旧石器时代,当人类在磨制石器的过程中逐渐形成了对事物美的感受和认知时,最早意义上的设计活动就已经开始萌芽。而后经过数千年漫长的发展历程,各个地区和民族都形成了极具特色的设计传统,在建筑、金属制品、陶瓷、染织、家具、装饰、雕塑等各个领域都留下了无数的杰作,积淀了丰富的设计文化,创造了辉煌的设计文明,为之后工业设计的发展奠定了重要的基础。

真正意义上的工业设计实际上是工业革命的产物。1765年珍妮纺纱机的出现标志着工业革命在英国乃至世界的爆发。1776年,苏格兰工程师詹姆斯·瓦特(James Watt)改良蒸汽机,推动了各种机器的发明,引发手工劳动向动力机器生产转变的重大飞跃,这种转变随后传播到英格兰和整个欧洲大陆,并在19世纪传播到北美地区及世界其他地区。工业设计是以工业化批量生产为前提发展起来的,它是工业时代的产物。工业革命确立了产品机械化、大批量的生产方式,促使产品的设计与制作过程相互分离，设计成为一个独立的部分。

国际设计组织（World Design Organization）在 2015 年提出了对工业设计的最新定义，这也是目前被公认的工业设计定义："（工业）设计旨在引导创新、促进商业成功和提供更好质量的生活，是一种将策略性解决问题的过程应用于产品、系统、服务及体验的设计活动。它是一种跨学科的专业，将创新、技术、商业、研究及消费者紧密联系在一起，共同进行创造性活动，将需解决的问题、提出的解决方案可视化，重新解构问题，并将其作为建立更好的产品、系统、服务、体验或商业网络的机会，提供新的价值以及竞争优势。（工业）设计是通过其输出物对社会、经济、环境及伦理方面问题的回应，旨在创造一个更好的世界。"

工业设计集科学、商业、文化艺术为一体，改变了人类的生产生活方式，它的出现和崛起让我们的生活变得更加丰富多彩，并充满无穷的乐趣。

例如洛可可设计的 55 度杯、海底捞自热火锅、喜马拉雅小雅音箱、北汽人工智能电动汽车 LITE、云知声儿童教育机器人、小仙炖瓶、美团外卖无人派送机器人、双摇杆工业遥控器、米江湖智能米桶、联想专业版智能麦克风、敦煌文创丝巾等工业设计产品，都旨在从健康、便捷、审美等各方面改变人的生活体验。

设计新定义

从原始社会的彩陶和黑陶在中国工艺美术史上写下了最早

的辉煌的一页,到如今的数字化、智能化引领了一场全新的技术革命,工业设计迈上了一个又一个更高的台阶,且在现代社会的经济发展和文化发展过程中扮演着越来越重要的角色,关于工业设计的定义也有了新的内涵。

传统工业设计的核心是产品本身,如今的工业设计已经脱离了产品本身,更多追求的是产品的外延价值,产品的服务价值、情感价值、创新价值、社会价值……也正是这些产品的附加值,满足了用户日新月异的价值需求。

就拿听音乐这件事来说,未来人们需要的,绝不仅仅是音乐或者听觉本身,更多的是音乐带给我们的一种跨越时空的沉浸式体验,这也意味着我们听音乐的设备必须要能提供相应的价值,并不只是一个音响、一副耳机这么单一,未来的音乐设备一定是一个能给人类带来多元场景体验的东西。

所以在用户需求发生如此变化的未来,"设计"或者说"工业设计",必将被重新定义。

如果说过去 10 年工业设计的主题意义是消费,那么未来10 年工业设计的主题意义则是创造。

但是设计一旦被囿于一种"物"的设计,就很容易被"物"的概念束缚了创造力。

中国工业设计之父柳冠中教授说过:"我们中国的设计道路,在蹒跚地向前,开始是以造型为主,追求酷炫。之后整个世界都变了,我们都要买车,要生产车,要做造型,做风格,做 SUV,做电视广告,那么炫,那么酷,有必要吗?这条路对吗?西方走的是这条路,我们完全可以换道超越,我们可以节约多少资源,充分利用它的剩余价值。所以未来的工业设计,是创新的模式,不是我们看到的要出新产品。"

比如医疗产品本身除了功能价值以外，其实还代表着品牌的识别性和延续性。如何让患者对产品产生更多信赖，如何让终端使用者、医护人员操作起来更便捷？在设计的过程中，传达出专业、安全、人文等特质，才是未来医疗产品设计最需要考量的问题。

作为一名设计行业的从业者，身处在变革颠覆的浪潮中，不得不承认的一点是，功能主义时代已经过去，工业设计的目标，已经从"以产品为中心"的 1.0 时代升级到"以用户为中心"的 2.0 时代，并最终达到"以价值为中心"的 3.0 时代，设计的新定义也将更趋多元化。接下来的几章，我们将详细讲解设计在新时代的新内涵。

第二章

设计是一种生活态度

俗话说："艺术来源于生活，却高于生活。"

作为一门实用的艺术，设计同样源于生活，但又高于生活，而且与其他艺术不一样的是，设计能通过给人类带来实用物品，达到改变人类生活的目的。

设计通过新的科学技术发明新的产品，改良产品的形态和使用方式，树立产品的品牌调性和象征价值，引导和塑造人们的精神品位、情感心理、个性风格，从而给人们带来新的生活体验。

设计本身就是一种语言，它在实现人与物、人与环境之间的沟通的同时，也起到传播文化的作用。不同的文化和需求造就不同的设计风格，不同的设计风格也会营造不同的生活方式，展示不同的生活态度。

接下来我将从生活质量、新消费场景和低碳可持续生活这三个方面来逐一讲述设计是如何影响并改变我们的生活，又是如何凭借自身的艺术属性，成为一种潮流，引领一场新的审美革命的。

设计语言表达一种态度。对于生活而言，设计所传递的态度影响深远。而设计要如何传递生活态度？我认为有三个思路。

第一个思路：找到人类生活普同性问题。

第二个思路：打造生活新消费场景。

第三个思路：追求生活可持续。

三个思路是一个从大到小再到大的过程，设计的本质是发现问题，解决问题，同时又是实用艺术，这就决定了设计必然要解决大多数人的问题，并不断挖掘问题，甚至发现大家还未感知到的问题，并提前解决，与此同时为大家带来价值。

设计凸显生活质量

生活中，我们经常能看到很多有意思的设计，比如卫生间里的手机放置盒、360°的旋转插座、挤牙膏器、滑板婴儿车、沙漏红绿灯……每每看到这些时，我都会感慨，设计真的是一件有趣又有意义的事。因为设计的存在，我们的生活才变得越来越美好。

在第一章中，我们提到过设计的本质是为人类解决问题，它强调的是与人的关系，其最终目的也是服务于人。

在《设计，无处不在》中，约翰·赫斯科特教授认为，"设计"一词十分普通，但它本身充满了各种矛盾，因此与其将"设计"局限于工业设计、产品设计等，不如将它视为人类的基本特征之一。设计从本质上可被定义为人类塑造自身环境的能力，且能对人们的生活质量起着决定性作用。所以设计出具有生活态度的好产品，第一个思路就是找到人类生活的普同性问题。如何让人们的生活得到改善，如何让生活质量得到提高，是全人类共同思考的问题。所以聚焦在普同性问题的解决上，便可以用设计之手来提高人们的生活品质。

过去的两年，我们的生活被新冠肺炎疫情的阴云笼罩着，饮食、消费、学习、工作、社交等以往的行为习惯都受到了很大的冲击。后疫情时代，百废待兴，人们在物质生活、文化理解、行为方式、流行时尚、价值观念、社交礼仪、空间环境等方面也会产生明显的变化，对于美好生活的追求与向往将越来越强烈，对于智能、健康、环保、安全、便捷、可持续的生活方式的渴求也将越来越迫切，人们将更加注重生活品质和生命体验，这也需要设计师根据新时代、新人群、新问题、新观念、新方式、新风尚、新环境，创造出新的成果，来提高人们的生活质量。

【案例1】品仕乐立式吹风机：设计一种疲惫生活中的放松

随着生活水平的不断提高，我们对生活的追求早已不是简简单单够用就好，高品质才是我们向往的方向。

就拿吹风机来说，以前我们可能注重的是风量的大小，而如今除了风量以外，我们还在乎吹风机的颜值、使用的便利程度以及吹发后的效果。另外，吹发看似轻松，但如果使用者是长发，手臂长时间举着吹风机不仅会很累，而且手举吹风机的姿势会使肩颈斜方肌不可逆地增高。为了改善这一问题，回应女性追求天鹅颈和直角肩的爱美需求，设计师通过创新结构设计和操控方式打造出了立式吹风机，给人们带来了新的吹发体验，告别传统手持，拥有解放双手的快乐，同时还能把"浪费的时间"利用起来。

在设计细节上，设计师通过出风口数量的增加以及特殊的风道设计，实现头发的速干与呵护。伸缩主杆只需手动升降，就能调整至适当的高度，吹风机的角度也可进行180°旋转调整。从而在功能上实现了"四度调节"，即高度、温度、角度、速度四个方面可自由调节，无论站着吹、躺着吹、高温吹、低温吹还是冷热交替吹，都可满足人们个性化的需求，让人在结束

图2.1 品仕乐立式吹风机

了一整天的劳累生活后可以享受到短暂的放松。

吹风机的控制部分，设计师将其设计成一个可以取下来的无线遥控器，采用了2.4G无线控制技术，控制方便还能磁吸收纳在吹风机上。

这款产品面市后，不仅受到年轻女性的青睐，还深受孩子们的喜爱，甚至成了宝妈带娃的省心好物。

【案例2】唯地咖啡旅行者T2：设计一种匆忙生活中的精致

速溶、即饮、现磨……近年来，咖啡品类多元化发展，行业呈现出飞速增长的趋势，而其商业进程的发展与消费场景的

图2.2 唯地咖啡旅行者T2

演变密不可分。

喝惯了现磨咖啡的人总认为速溶咖啡过于随意，而偏爱速溶咖啡的人，感觉只喝现磨的人太矫情。

如何做到它同时拥有速溶咖啡的便捷和现磨咖啡的口感，让"不将就"的人随时随地实现现磨自由？咖啡旅行者 T2 的设计师想传达的理念是，咖啡不只是咖啡，它可以是一种艺术、一种生活、一种态度、一种能让人静下来的力量。忙碌的生活中，给予用户和自然沟通的机会，也给予用户与品牌深入对话的机会。

外观设计上，设计师遵循"越简单，越生活"的理念，杯身采用爽利干脆的线条，杯底则采用优雅的弧形设计，更便于用户携带。这一直一曲的设计也彰显出品牌与使用者的干练与自由。杯盖采用截然不同的创意思路，以圆润饱满的手冲按钮抓取大众眼球，一如出现在平淡生活中的小美好。这种"大道至简"的美感，让产品与用户做生活态度上的沟通，也让用户产生了浓烈的情感共振。

了解手磨咖啡的人都知道，饮水口的水流是发散的，而专业手冲壶的水流呈现柱状样态且很有力量，市场上原有的产品往往用饮水口直接替代手冲口。洛可可的设计师开创性地为咖啡旅行者 T2 分离出一个手冲口，不只在外观上，还在口味上帮助产品有所突破。

社会的不断进步，使设计与生活更为紧密。一款有设计感的产品，能让生活在钢筋水泥与大数据时代的都市人，用一杯咖啡的时间感受精致、悠闲、放松的生活美学。

通过聚焦整体战略，打造产品整体外观，设计师以"用心"和"专业"将匆忙生活中的精致演绎得恰到好处。

【案例 3】喜马拉雅小雅智能 AI 音箱：
设计一种孤独生活里的陪伴

你可能很难想象，走进家门之后不需要任何的手动操作，便能通过智能音箱播放你在车上还没听完的小说，抑或是在你烦恼早上出门不知道该穿什么的时候，智能音箱为你送来一则温馨推荐……

事实上，这样的体验在今天已经不再是一种想象了。

2017 年，洛可可为喜马拉雅打造了一款颠覆性的产品——小雅智能 AI 音箱，开启了一个崭新的智能音箱时代。

在外观设计上，设计师打破了同类音箱圆柱形的保守形态，取用"中国鼓"的设计原形，将中国传统美学融入其中。运用柔和的曲线使"小雅"在外观上更加优雅亲和。为了给"冰冷"的金属箱身添加一层"温暖"的外壳，设计师历经 7 个月筛选了近 2 000 种布料，最终选用了一种与家居更加贴合的面料作为"小雅"的主面料。

音箱顶部采用了"环形交互指示灯"设计，增强了"小雅"的科技感和亲和力。底部使用三角支撑设计，在保持稳定的同时，减少与桌面的接触面积，有效避免了共振现象引起的音质受损。

在内核上，设计师并不想把"小雅"设计成一个普通的工业制成品，而是希望能够把它升级成一个能够以用户体验为核心，在不同场景下，为用户带来更多声音服务内容的数字软件服务性产品。所以，设计师让"小雅"拥有了以下功能：1.5 秒内快速反应，识别率 90% 以上，5 米范围内都可以精准识别用户的声音；可以根据用户的喜好，提供智能推荐；上次听到一半的内容，只需要跟"小雅"说，就可以"断点播放"；询问天气、定闹钟，用户只需开口说话音箱瞬间变成"生活小助手"，覆盖财经、时政新闻、长篇小说、汽车资讯等 328 类 6 000 万条海量有声内容，通过 360°全方位声场，专业级 TI 功放芯片，全方位治愈用户的孤独。

"小雅"的设计呈现了如何让一款产品进入到用户的生活中，为用户提供知识，

图 2.3 喜马拉雅小雅智能 AI 音箱

陪伴着用户学习成长，慢慢变成用户生活中不可或缺的伙伴。

【案例4】火星人集成灶全新E4天擎系列：设计一种平凡生活里的美感

疫情期间，人们外出吃饭、聚餐的需求减少，厨房用品的搜索热度持续攀升，高品质、能够改善居家生活质量的厨房用品受到了人们的青睐。

为了满足用户的这一需求，洛可可设计师与火星人打造了全新E4天擎系列集成灶。

生活中多数的烹饪场景都是一成不变的，烹饪者很难在这个过程中得到乐趣，甚至还有些乏味。随着越来越多的年轻人走进厨房，希望享受烹饪带来的独特快乐，烹饪体验的升级迫在眉睫。所以设计师大胆地将驾驭和速度的概念带入厨房，取自汽车设计灵感的顶部线条，几何速形的照明光线，让漫长的烹饪过程变得更有激情和乐趣。

设计师为E4天擎系列增加了置物平台设计，拓展了头部空间，但前提是不能因为功能增加而导致产品烦琐和清洁力下降。所以需要对线条和功能布局不断优化，以及对产品的每一根线条和平面不断地组织和协调，最后才能实现功能和形态上的平衡。设计师将笼烟区和灶面做了简洁流畅的一体化设计，加上快拆吸烟口设计等，最终促成了产品的清洁可持续化升级。

关于什么样的角度能最大化地吸收油烟，什么样的比例不会给使用者带来压迫感，设计师用了半年的时间去反复测试，最后得出的结论是8°倾斜。

理想 8° 就是设计师寻找到的烹饪美学新形态。

设计师们采用全新的设计方法不断去突破产品的设计边界，108 张设计草图、20 次的家庭用户调研、12 位不同领域的设计师全程参与……这些数字的背后，是设计师对生活的观察和思考，以及对专业和细节的负责，最终给消费者带来了一次烹饪空间的全新乐趣体验，让烹饪美学走进千家万户，带来了人机交互的极致乐趣。

人们生活方式和需求的改变，催生出了新的设计风格和理念，与此同时，除了被动地适应人的发展需求以外，设计风格和理念也会起到引领作用。新技术和产品的井喷式发展造就了新的市场生态，刺激

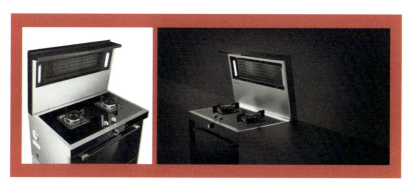

图 2.4　火星人集成灶全新 E4 天擎系列

了消费者在消费行为和需求上的蜕变，重新定义了美与潮流的生活方式，并使其成为一种新的趋势，唤醒人们对美的憧憬，对生活的热爱。

【案例5】四季盖碗：
设计一种枯燥生活里的想象

在我为老舍茶馆设计茶碗的时候，我发现盖碗对应的是和合文学，讲究的是天地人和，我希望能让用户在盖碗里看到一种美学、一种哲学、一种意境，我想到了《观自在》中的"春有百花，秋有月，夏有凉风，冬有雪，若无闲事挂心头，便是人间好时节"这几句诗，所以我就想到把四季的意象融入设计中。我将窗花设计到盖顶，碗盖内里顶部，有一个窗棂和花朵的结合设计，泡茶之后弥漫了水雾，就像雾里看花一般，梦幻朦胧。把秋月的图案藏在了碗底内部，在泡上茶水之后，水波和茶叶在旋转之下，碗底的图案就好像水中秋月的美好图景。

设计师是借助器物之美，在点线面中修行的人，而使用器物的人亦如是。用盖碗喝茶的时候喝的其实不是茶，而是盖碗里面的场景，观的是自己的内心，它会让更多的人在喝茶的过程中停下来，品味春花秋月的美好，感受四季轮回的自然变换，聆听生命的韵律……

我在给很多人看四季盖碗的时候，他们都表示被这个作品打动，自己每天奔波于两点一线，被快节奏生活的车轮不断推着往前，几乎很少有时间去放空，去观察一草一木的变化，感受生活里的小确幸，以至于错失了很多的美好，而四季盖碗仿佛有一种魔力，让人能够从焦虑和压力中抽出身来，不再辜负这"人间好时节"。

　　这样的生活方式和态度，能够通过四季盖碗传达给更多的人，影响更多的人，我想这就是设计的魅力吧。

　　我一直坚信，下一个时代将会是想象力时代，个人创造力的觉醒、企业创新力的爆发促使想象力成为未来经济发展的新

图2.5　四季盖碗

驱动力。这也就意味着，每一个天马行空的创意设计都有机会变现。未来将会有更多的颠覆性爆款产品出现，设计也会变得更加丰富多元，为我们提供更多的选择，从而不断提高我们的生活质量。

生活方式的变化促使设计不断创新，满足我们的需求，让我们的生活体验变得更好。同时设计也在创造生活方式，引领生活潮流。如此循环往复，我相信我心目中"设计美好世界"的愿望迟早有一天会实现。

设计新消费场景

目前,中国经济已经进入了高质量的发展阶段,消费成为中国经济发展的重要引擎,国内的消费生态正在重塑,新消费时代悄然到来。

新消费时代下,"90后""00后"成为主流的消费者群体。Z世代,更是带来了庞大的消费力,同时伴随着与众不同的想法和自我认同。他们对产品的要求不再局限于产品的功能性,而是更愿意为技术、体验、非标、服务、设计、参与感买单,他们消费的不仅是产品服务,更是消费者在体验过程中,产生的对自我价值意义的肯定;不仅是结果,更是带来愉悦感的过程……新消费背景下,设计要想与消费者建立有效的沟通,就要围绕具体的场景出发。

设计改变生活态度的第二个思路,就是打造生活新消费场景。当人们的生活普同性问题得到解决,就会追求更高的生活体验。而创造新的消费场景、设计新的消费产品、打造新的消费体验是在生活质量得以满足后,更进一步的设计态度。

新消费场景的第一个特征：无用户不场景

有用户才有场景，比如广场是个场景，但空荡荡的广场只是一个空间，当有大妈来跳广场舞时，由于人的加入，这才成了广场舞场景。为什么广场适合大妈跳舞？因为广场有足够的空间，而且往往是免费的，同时又会有一定的观众。所以广场是适合大妈跳舞的最便宜又能获得一定关注的场所。其他环境都不能满足这一需求。同样的，商城厨具专柜的展示间为什么不能作为厨房场景？因为那里只能展示和销售厨具，不可能做饭，没有家庭的互动和温暖，所以也不是一个用户场景。谈用户场景，就必须紧贴用户，没有用户的参与，场景也就无从谈起，所以用户场景研究就是一门非常重要的学问。

新消费场景的第二个特征：无体验不场景

有用户聚集的地方就会产生场景，但不一定会产生有价值的用户场景。判断场景是否有价值的核心是，有没有产生用户体验，是否创造了情感连接。在一定空间中，有用户、有故事、有情节、有情绪、有生活态度，才是有价值的用户场景。比如我一个人在厨房，这不能称为场景，只能叫"我在厨房"。而当我在火炉边与家人共享天伦之乐，就可以称为场景。让我们想象一下，如果能够适当地复制这个场景，并将其应用到餐厅中，一群人围着篝火享受晚餐，相信一定可以吸引很多用户。

任何时代的商业交易行为，基本都围绕人、货、场三个主要因素进行。这里的人，指交易的双方；货，指交易的产品或服务；而场，指用户场景。有些观点认为，我们只需要将产品打造好，让用户觉得好用就可以了，用户在什么场景下使用和我们有什么关系呢？用户场景是否真的那么重要？答案是肯定的。因为一件产品在不同场景中使用的效果是不同的，场景本身也是产品的一部分，不能脱离场景去看产品。例如，我们为用户设计了一双非常漂亮且功能强大的溜冰鞋，用户非常喜欢这双鞋，但是却从来不去溜冰，没有机会使用，那么产品本身的价值就无法得到具体体现。所以，如果我们将产品设计和用户场景割裂，就很容易脱离用户，陷入传统的闭门造车式的设计误区。

构建完整、真实的用户场景，可以帮助我们更快、更精准地掌握用户需求，同时使产品的功能更全面。用户对于产品的需求，一定和其具体的使用场景相关联。基于场景去分析用户，有利于我们更快、更准确、更全面地挖掘出用户的真正需求，从而打造出令用户更满意的产品。

因此，要想做好产品，有一个必要条件：需要将产品放到具体的场景中去思考。场景中要包含时间、人物、地点、故事等信息，这样，你才能感同身受。使用产品的最终用户，是一个个有思想、有情感的个体，"和用户在一起"指的就是通过用户场景，来搭建产品的功能、服务等设计。

【案例1】海底捞自热火锅

品牌创新不仅仅是外观的设计创新，更是对场景的创新。

疫情期间在"一人食""宅经济"的助推下，诞生了一批爆款，海底捞自热火锅就是其中之一。它改变了吃火锅的场景，一个人躺在床上也可以享受香味扑鼻的火锅。

在自嗨火锅诞生前，市场上有自热煲

图 2.6　海底捞自热火锅

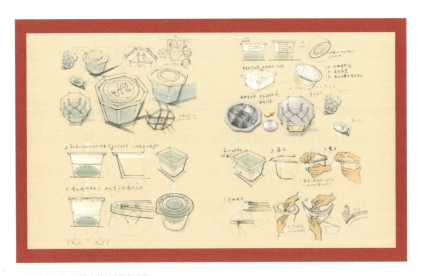

图 2.7　海底捞自热火锅设计稿

仔饭、自热米饭等自嗨锅，但是没有自嗨火锅。自嗨火锅更麻烦一些，需要很强的水蒸气将所有食物蒸煮好，气怎么出，料怎么放，水怎么放等都需要全面考虑。

大家都知道海底捞以线下堂食店的服务见长，那么当吃火锅开始不需要服务的时候，如何将海底捞最核心的服务理念融合进去？设计师在用户体验方面做了大量的工作，参考了100多位用户意见，把海底捞的服务理念融进自煮火锅设计中，将原来的40多个步骤压缩到核心的20个步骤。

具体来说，包括筷子的长度、端起的方式、蒸汽升腾时是否会烫到手等都需要进行全面设计，这里的设计是极其复杂的，但是所有设计的出发点都是站在人性化的角度思考一个人在家中如何开心、方便地吃到美味的海底捞自煮火锅。

后疫情时代，设计师将自嗨锅的品牌理念也升级为"无处不在的火锅"，为用户创造了新的火锅体验场景，向着"美味、营养、健康、方便"的方向创新。

【案例2】君乐宝低温牛奶

悦鲜活是君乐宝旗下的高端牛奶品牌。2016年，君乐宝乳业集团开始悦鲜活牛奶的研发工作，历时三年研发，率先采用INF0.09秒超瞬时杀菌技术，成功研发出新一代鲜牛奶——悦鲜活。

现代鲜奶消费面临的问题是红海市场的竞争问题，作为新品牌如果视觉无特点很难有竞争优势，所以满足新一代年轻人的审美需求，交出年轻化、差异化的设计是为悦鲜活进行包装

图 2.8 君乐宝低温牛奶

升级过程中设计师主要考虑的问题。

洛可可设计团队以用户需求为核心,通过对悦鲜活技术的理解和价值梳理,搭建了视觉识别层级,与对标品进行交叉分析后,选择最优先突出 0.09 秒鲜,通过自有的视觉审计方法论,完成画面定位。通过奶牛纹衬白突出产品属性,动态且令人垂涎欲滴的奶滴完美诠释了"鲜"。

设计师通过年轻化设计,为尚未有大众认知的"悦鲜活"成功塑造了新一代的高端纯牛奶形象,同时也为用户带来了新的消费体验。

【案例 3】井井有鱼

新消费浪潮下,每个消费者都是生活家。精致化日用品成为当下消费者精神消费升级和市场细分竞争驱动下的必然产物。消费者对于生活品质的要求正在逐步提升,新消费产品大部分兼具高品质和高颜值,能够为用户带来审美和生活的双重享受。

湿巾产品自 20 世纪 60 年代左右问世,在欧美发达地区开始使用。伴随着中国消费理念的转型以及新冠肺炎疫情的影响,湿巾行业迎来了新一轮发展机遇,同时湿巾的品类和用途日趋多样化,针对功能实现了产品线的多重划分,包括家庭、酒店、餐厅、民航、医院等应用场景。

当下的新消费、新营销,本质上都是在消费者需求和品牌个性之间构建出独属于自身的价值体系。

井井有鱼是一个以 Z 世代群体为主要消费人群的互联网新锐品牌,其立足于"美妙生活创想家"的品牌定位,通过对日化类用品多元使用场景下的产品开发,构建"井井有鱼"家族的产品体系,引领了全新的生活方式。

而在湿巾这一品类体系下,"井井有鱼"根据用户使用场景分为——厨房湿巾、通用湿巾及湿厕纸三大系列产品。

洛可可设计团队将品牌符号融入产品设计之中,将"有趣、好玩"融入井井有鱼的品牌血液,以独具特色的视觉形象及语言体系,打造出一个专属于井井有鱼的价值体,在这里,每个年轻人都可以寻找到自己。针对"井井有鱼"湿巾系列产品,洛可可设计团队通过"有趣有梗"的创意设计展现品牌个性,例如厨房湿巾用"拒绝一切油腻",湿厕纸用"局部有雨"等

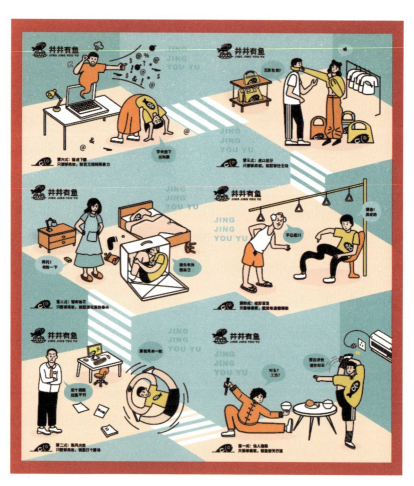

图 2.9 井井有鱼创意设计插画

新潮有趣的文案，幽默诙谐的创意表达，让其具有场景感。

将"美妙生活创想家"的品牌定位融入设计之中，通过视觉层面的设计表达，融入用户多维生活场景中，从而构建了井井有鱼精致有趣的品牌形象，突显年轻人热爱生活、追求品质的生活态度。

图 2.10　井井有鱼纸巾

设计低碳可持续生活

随着科学技术的快速发展,生产力水平的日益提高,社会经济也取得了突飞猛进的发展。然而不容乐观的是,在这一过程中,生态环境和自然资源受到了不可逆转的伤害,自然灾害、极端气候等频频出现,严重威胁了人类的健康安全。正是在这样的大背景下,绿色、低碳、环保、可持续的发展理念变得迫在眉睫,渗透进了生活的各个领域里。

设计引领生活态度的第三个思路就是追求生活可持续。设计是一种生活态度,第一步是要满足生活品质,第二步是创新场景,在此两步基础之上,如需再进一步,便是生活的可持续。站在地球之上思考未来,站在思考未来的角度做设计,才能让设计出来的产品解决人类问题,传递可持续的生活理念,最终解决地球问题。

提到低碳生活,就不得不提"智慧环保"这一理念。

2009年初,IBM(国际商业机器公司)提出了"智慧地球"的概念,其核心是以一种更智慧的方法,通过利用新一代信息技术改变政府、企业和人们交互的方式,以便提高交互的明确性、效率、灵活性和响应速度,实现信息基础架构与基础设施的完美结合。

随着"智慧地球"概念的提出,在环保领域中如何充分利用各种信息通信技术,感知、分析、整合各类环保信息,对各种需求做出智能的响应,使决策更加切合环境发展需要的"智慧环保"概念应运而生。

智慧环保概念也在设计中得到了广泛的应用,我认为从设计的角度来讲,智慧环保指的是可持续设计,因为真正的环保应该具有一种可持续性,也就是我们的子孙后代还能不能享受到蓝天白云、健康的食品和好的空气质量。智慧环保是一个大的服务设计的概念,我认为它的落脚点是一种生态、一座城市,甚至一个国家、整个地球,是一种新的服务理念的提升,我们不能要求这个城市、国家来服务我们,我们每个人也都要反向去服务我们的城市、我们的国家、我们的地球。

正如德国 iF 设计大奖主席乌维·克雷默林所说,"在如今的 iF 大奖中,气候变化和可持续性受到了前所未有的关注。"近年来我们也能看到,越来越多的设计周、设计展等业内盛事纷纷将目光聚焦于低碳可持续生活,低碳、可持续、绿色环保早已成为了当下设计界的共识。

设计作为产品从无到有过程中最重要的一环,是价值的源头、创新的起点,它在解决本质问题,凸显生活质量的同时,还具有一种社会性。上一节我们提到过设计可以创造生活方式,那么设计如何在低碳可持续生活中发挥力量,更好地服务于环保目标,也是当下设计行业从业人员迫切需要思考的问题。

就个人而言,我认为工业设计本身是一件非常不环保的事情,因为工业生产会产生和排放工业废料、工业产品的报废也会带来很大的降解问题。但是设计不可避免,所以我主张的是设计经典的产品，因为这样的产品的生命周期会相对长一些。现在市场上出现的产品更新换代往往会特别快，那些一哄而起、被炒得火热，但却缺乏长久生命力的产品，等到潮流、噱头一过，可能只要短短几个月的时间，就慢慢淡出了人们的视野。但是生产这些产品所耗费的时间成本、人力成本、物力成本却是很大的，如果不能给消费者创造重复性使用的价值，那设计这样的产品就与我们一直强调的低碳可持续生活的理念相悖。

我认为设计对于智慧环保与人们生活息息相关的产业也应给予重点关注。洛可可与新浪家居联合启动了"未来家"计划，因为我逐渐认识到，未来的家一定是健康的、环保的，人类对环境保护的要求越来越高了，所以我们与新浪的合作也在探索基于未来的家庭，乃至城市公共空间等的绿色设计、可持续设计。在教育方面，绿色设计、可持续设计，甚至是服务设计也是未来设计的一个重点的探索方向，可以通过教学课程的形式，和更多的设计师及企业探讨如何通过绿色设计、可持续设计打造创新的品牌和产品。

【案例1】冬奥可降解餐具

作为奥运会上最具标志性的事件，主火炬的点燃方式一直是世界关注的焦点。但2022年2月4日，当所有人都在期待主火炬将以怎样耀眼、夺目的方式被点燃时，北京冬奥竟以"不点火"代替"点燃"，以"小圣火"代替熊熊烈焰的方式交出了自己的答卷，用"微火"向全世界传达了中国低碳环保的"绿色"奥运理念。

"绿色"是北京冬奥会的鲜明底色。从申办到筹备再到开幕,北京冬奥会始终贯彻绿色、低碳、可持续的原则,让"绿色办奥"的理念渗透进每一个细节。作为对"冬奥精神"的响应,洛可可的设计团队也将这一理念融入自己的设计之中。

考虑到餐具使用者身份的复杂性,为

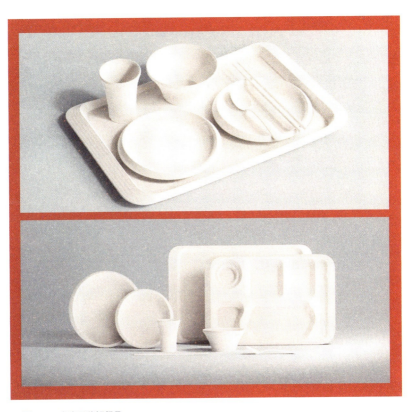

图2.11　冬奥可降解餐具

了满足包括运动员、外宾、工作人员、志愿者等在内的多人群审美需求，在造型设计上，设计师以远景（自然风光）、中景（场馆建筑）、近景（运动身姿）三景营造层次起伏感，搭配富有竞技感且流畅简洁的线元素，给使用者带来一种冰雪相约、激情冬奥尽在盘中的情感共鸣，展示中国冬奥最美风景。

除了外观，实用性也是设计考量的重点。作为有 91 个国家或地区的代表团参加，参赛运动员高达 2 892 人的国际盛会，疫情防控是亟须解决的难题。在这个问题上洛可可设计团队给出的解决方案是以减少赛场食堂人员流动为出发点，为可降解餐具套装设计更合理的容量，以及设计更容易拿取抓握的形态，更有效地规避在使用中突发事故的发生，降低了疫情传播的风险。

不仅如此，洛可可设计团队还在原材料上下足了功夫。这套可降解餐具由农林废弃物秸秆、玉米、木薯等可再生植物资源为原材料制成，搭配以彰显安全、环保、中国美的设计，向全世界展示了何为"绿色办奥"，何为"中式浪漫"。

【案例 2】智绿新能源充电桩

据相关数据显示，2025 年新能源汽车销量将达到 500 万辆，2030 年达到 1 500 万辆，且蔚来、车和家、威马、小鹏、奇点等互联网造车新势力陆续涌现，新能源行业将长期保持向上发展趋势。

与此同时，新能源汽车市场的爆发，也将充电桩带入了蓝海市场。截至 2019 年底，国内车桩比约为 3.5∶1，远低于规划的 1∶1，预估 2030 年前充电桩缺口达 4 200 万，这也意味着解决

图 2.12　智绿新能源充电桩

车桩比例失衡问题变得非常重要。

在新的市场机遇下，苏州智绿环保科技有限公司找到洛可可设计，共同打造智绿充电桩，旨在解决新能源汽车用户充电难问题，推动新能源行业的发展。

该套产品为纯电动及插电式混合动力汽车提供家用以及移动式充电的解决方案，可为全球三大标准（中国标准、欧标、美标）95%以上的新能源汽车补充优质电能，并通过智能化系统，可拓展多种应用场景。同时，洛可可设计团队为产品增加了 WiFi 和蓝牙功能，可以远程操控监视充电情况，提高用户体验，此外，设计师也对固定充电桩的安装形式进行了重新定义，用户可以自行独立安装，60 秒即可完成，使产品更人性化。

外观的设计上设计师留有高度的自由定制空间，简约的外观下，用户可以定制产品的色彩、图案和功能，使产品具有多样性。

【案例 3】章鱼回收智能垃圾回收柜

伴随着社会经济的加速发展，"垃圾围城"的现象日益严峻，据相关统计数据显示：我国城市垃圾堆存累计侵占土地 75 万亩，每年的经济损失高达 300 亿元。基于此章鱼回收团队希望通过智能化设计，打造全新的垃圾回收模式。

洛可可设计团队完成了章鱼回收的产品策略设计研究、外观设计、UED 设计和品牌设计。在策略阶段，设计师提出根据不同场景，配备不同的垃圾回收柜的模块化组合方式，让垃圾回收柜更有针对性地进入除小区之外的其他场景，如商场、学校、办公室，甚至工业园区。

在外观设计阶段，设计师根据前期策略和客户需求，提出智能化、科技化的设计方向。特别设计了交互灯效：当使用者扫码进入时，氛围灯会亮起；当使用者投递的废水瓶中有水时，投递口会亮起不同颜色的灯，以提醒使用者。

章鱼回收智能资源分类回收柜通过互联网、大数据、人工智能及物联网等先进数字技术，实现对日常生活垃圾的智能分类回收。设计师打造的前端返现分类回收、中端统一运输、末端集中处理的"智能回收"新模式,让全民更加乐意参与环保,让垃圾分类成为新时尚,这就是设计的力量。

在我眼里,生活是可以多样化的,但这种多样化始终基于对自然、对绿色的追求,所以设计的伟大之处正是在于,除了表达美之外,还可以表达更多的对人和环境的关爱,我希望设计师所做的设计对世界有利,而不是让垃圾对人类造成伤害。

从原始社会到现在,设计都扮演着重要的角色。如今,随着经济社会发展方式的转型升级,设计的力量也正在崛起,并逐渐成为人类命运共同体的有机组成部分。为顺应时代发展需求,设计低碳可持续生活成为一种新的理念,未来,也必将成为人类新的生活方式和经济形态。

图 2.13 章鱼回收智能垃圾回收柜

第三章

设计是一种新型社交

孤独是人类永恒的话题，每个人都需要表达和沟通，都有社交的欲望和需求。社交的需求永恒存在，但社交方式却随着用户代际更替不断变化。在互联网浪潮下成长起来，有着很大话语权的Z世代是孤独的一代，也是学习、工作和生活压力比较大的一代，抒发真情实感，宣泄压力和情绪，是他们在社交过程中的首要需求。这也意味着一种区别于传统社交的新型社交方式正在形成，而与之相匹配的产品设计也要进行相应的创新和改变。

现在的年轻人，都喜欢和自己相关的设计，相比于产品的物质属性，他们更在意的往往是精神属性。那些能够精准表达他们的个性、生活方式、思考方式，以及可以联结有相同喜好的人群，使他们形成一个圈层、一个共同体的设计，更容易走进他们的心里。

一个产品就相当于一个磁场，吸引着有相同消费需求和兴趣爱好的人凝聚在一起。他们使用这个产品，一起分享讨论使用感受，例如它的性能、外观、需要改进或者让自己深受触动的地方等，并产生归属感和身份认同感，如此一来，便形成一个特有的社交圈。这个社交圈不再以性别、年龄、地域、专业来划分，而是完全以自身的兴趣爱好为主，最终形成了自己独特的语言体系。

由此可见，设计在当下流行的新型社交方式中扮演着一个相当重要的角色。它引导了社交群体的形成，打破了圈层壁垒，拓宽了社交范围，为我们提供了一个更广阔的社交空间。

换句话说，设计本身就是一种新型社交。

本章以生活社交、出行社交、文化社交、数字社交这四种新型社交方式为例，讲述设计在我们的社交生活中发挥的作用。

生活社交

每一个人都是一个品牌，每一个人都是自己品牌的推销者。

所以我们发朋友圈、拍 Vlog、短视频，就是为了树立人设，以便更好地进行社交，尤其是 Z 世代群体，他们是为兴趣、为精致、为个性、为新鲜、为社交而消费……他们个性鲜明、注重体验、愿意尝试新鲜事物、具备丰富的情感和社会性。

以生活社交方式中的视频社交为例，在疫情的影响下，"宅经济"成了当下最重要的主题。据相关数据统计，与新冠肺炎疫情前相比，全球用户的在线观看时长增长了 32%，直播观看时长更是 4 年增加 9 倍，视频开会、视频拜年等已经成为新常态，视频社交正在成为以 Z 世代为核心的人群的生活习惯，视频化社交已经兴起。

以前的生活是私密的、个人的、家庭的……人们会将自己的生活空间与社交空间天然分开。但是当下生活方式、生活品质、生活场景已发生变化，人们已然将生活也当作一种社交。此时产品设计必须充分理解这种变化，并为这种变化搭建桥梁。于是，如何让原本生活化的东西赋能社交属性，让生活也变成社交方式，是设计师需要思考的问题。

用设计串联生活化与社交性，必须把握两个思考原则，第一，如何让用户愿意将生活日常与交友分享关联；第二，如何让生活场景与公共社交场景融合。

例如，如果问十个人是如何度过睡觉前、等车间隙、吃饭等碎片化时间的，可能有八个人会说是在刷视频。

如今，快手、抖音靠 UGC 内容打造营销新玩法，陌陌升级了"用视频认识我"，知乎推出"即影"视频，B 站推出"轻视频"，腾讯重启微视，微博推出故事……视频来势汹汹、发展迅猛，早已经成为各大社交 app 中的一个标配功能，源源不断地为我们提供各种各样的资讯、知识、"段子"，帮助我们寻找兴趣圈层，陪我们度过大把的闲暇时光。

从 2018 年开始，在国外盛行的 Vlog 文化突然也在中国火爆起来，这种以视频为载体、以分享为基调的新型社交方式一经出现，便受到了年轻人的追捧。从最开始只由一部分明星和网红带动，到现在几近全民参与，视频社交的星星之火大有燎原之势，成为我们生活中不可分割的一部分。

例如洛可可为海尔设计的数字烤箱，便是从第一个思考原则出发，关联日常与分享。如何让用户愿意分享日常，更好地分享日常？展开生活社交产品设计，烤箱是烘焙文化的一部分，而烘焙是为了分享，女性通过烘焙，想表达自己的生活情调、展示自己美好的生活。为此，设计师在烤箱中装置摄像头，烤箱成为美食直播间，女性成为直播达人。于是，功能型的烤箱升级成了生活社交型的数字产品。

【案例1】海尔 T3 嫩烤箱

听到"烤"这个词,难免让人涌出一大波口水,瞬间脑补出 1 800 种塞进胃里的食物。而且谁愿意在炎炎夏日,汗流浃背、满身油烟地守着灶台煎炒烹炸呢?享受制作食物的乐趣,当然是将料理的过程统统交给烤箱最好。

但是面对品类红海和低价竞争,新产品的出路到底在哪里?面对伪智能层出不穷的现状是否还要继续坚持智能?海尔小焙团队希望设计师可以帮助他们在产品差

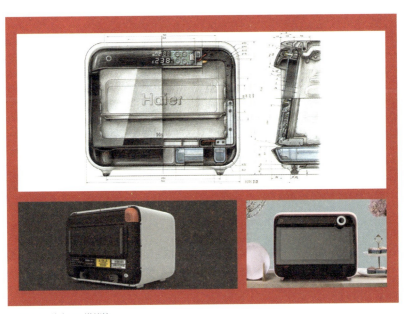

图 3.1　海尔 T3 嫩烤箱

异和用户体验上突出重围。

洛可可设计团队为海尔旗下小焙科技打造的这款第三代嫩烤箱，重新圈定了目标人群，并且思考了智能烤箱的意义。

设计师们在观察用户的时候，发现很多家庭主妇用烤箱做美食并不只是自己吃，还会给孩子吃、给朋友吃、给同事吃，并且拍照记录烘焙的变化用来发朋友圈分享，她们最终的需求是通过美食来分享她们美好的生活，以此达到社交的目的。原本做饭是一件十分生活化的事，但是食物是一种天然有社交属性的东西，于是如何让美食的分享过程兼顾生活方式的分享，便成为厨房家电产品设计师可以深入思考与挖掘需求的方向。

设计师通过对目标人群的生活洞察和产品对标分析，设计师从设计方向定义到机构研发，再到美学设计直至使用体验设计上，让小焙第三代嫩烤箱具有强识别和全新品牌口碑！

【案例 2】唱吧麦克风

用户唱歌表达自我的需求逐渐向移动平台延伸。我们从生活社交产品设计的第二个原则思考，如何让用户生活场景与公共场景融合，即如何让唱歌变成一件既可以在生活空间自己一人做的事，又可以成为一件在公共空间大家一起做的事？这就是一个从需求端寻找突破口的方法。因为目前市面上手机耳麦的声效并不能满足用户唱歌的需要，所以设计师为顺应唱吧用户需求，选用了专业级电容式音头，音径高达 16mm，是普通手机麦克风的 3~7 倍，可以真实再现从低音到高音的广阔音域，灵敏且稳定。同时，采用特有的心形指向设计，可以有效屏蔽环境噪声和回音，抗手机干扰。此外，设计师还专为 K 歌用户设计了一键调节混音的功能。

而 C1 的升级版 MI 麦克风，设计师不仅沿用了 C1 超灵敏的 16mm 电容式音头，还采用了丹麦进口阻尼绢纸和高密度海绵双重防护避免喷音。独有的弧形音腔设计

图 3.2 唱吧麦克风

则能实现最佳的立体收音效果，内置的 4 种混响和 12 种电音效果也专为 K 歌定制。外观设计方面，小巧口红状的铝合金机身配合亲肤性陶瓷喷砂，不仅简约时尚，而且手感好。

因其独特的设计，唱吧 M1 麦克风在人气综艺节目《天天向上》上亮相，受到天天兄弟及容祖儿等明星的追捧。

作为唱吧移动音乐平台的一部分，麦克风这一唱吧硬件是唱吧音乐布局的一环。功能多样的唱吧专业硬件能刺激唱吧用户创作、分享、互动，让他们生产更多有吸引力的内容，而优质的内容可进一步吸粉，并促进用户与粉丝的互动，让音乐成为社交媒介，促进生活空间与公共社交空间的融合。

【案例 3】Onecup 智能饮品机

慵懒、困倦、工作效率不高的下午，是不是特别需要一杯咖啡来提神解乏？可是要怎么才能马上拥有这杯"续命神器"呢？这对很多人来说一直是个大问题。

直接去店里喝？交通不方便，人也多，体验往往并不好。

叫外卖？等待时间长，口感大打折扣。

冲速溶咖啡？对咖啡有品质要求的人直接"say no"！

这时候，一款能随时制作即时饮用咖啡的咖啡机似乎就显得很有必要了。

洛可可设计团队打破原有的 Onecup 小黄人系列产品形象，以"有趣的高级感"和"科技艺术美学"为核心设计理念，重新进行产品的局部调整以及 CMF（连续微滤技术）设计。复古元素与现代元素的结合，赋予产品不同的情感色彩。在不开模具的基础上，创造兼具趣味性与品质感的新型产品，促进各层次消费群体的认知度与认可度。

设计迭代使 Onecup 智能饮品机与市面上的同类产品形成差异化，轻松适应家庭、办公室两大热饮刚需场景，开启机器智能化、饮品多元化、操作个性化的趣味新时代，让疲惫的打工人想享受到一杯高品质咖啡的需求不再被延迟满足。

图 3.3　Onecup 智能饮品机

咖啡不仅是一种饮料，更是都市白领以及中产小资的"社交货币"，设计师通过设计语言想传达 Onecup 不仅是智饮机的售卖者，也是全新生活社交方式的倡导者。

出行社交

出行领域经过几年的蛰伏和酝酿,一跃成为颠覆式创新最为集中的领域,以及科技行业的新焦点,网络约车、共享租车、共享单车等新型出行方式层出不穷,让我们见识到了出行领域的无限可能。

出行领域的风生水起,也促成了一种新的社交方式——出行社交。

出行是一种日常行为,目的性很强,而其唯一的目标就是实现移动。当满足移动要求后,人们开始不只满足于出行目的。创造新需求是出行产品设计师可以思考的方向,而创造出行需求则是一个非常重要的方向。

如今社交正在经历从熟人社交到陌生人社交再到兴趣化社交的升级,而要建立一种基于"兴趣"维度的人群圈层划分,靠现有的社交软件很难达成。出行和社交之间原本也存在着某种强烈的关联,因为它能为我们提供一种天然的社交场景,在这一场景内的人大多是有相近的职业背景和兴趣喜好的,他们在同一个场景内更容易产生交集。早在嘀嗒拼车初入市场时,就有意冲破打车软件"工具化"的困境,借助拼车乘客之间平等互助和利益一致的出行关系，大力发展社交，在同质化严重的激烈的市场竞争中，嘀嗒拼车能脱颖而出，与其主打的社交出行不无关系。

对于现在的大部分年轻人来说，工作占据了他们生活中的大部分时间，很少能有时间用来社交，而且他们对熟人社交，或者小范围结识陌生人的欲望也很低，但同时，他们也迫切希望走出房门，打开自己。他们一边依赖舒适圈，又一边期待新鲜感；一边忠于自己，一边又对远方虎视眈眈；一边享受孤独，一边又惧怕孤独。而出行恰恰可以满足人们对于社交的好奇心，以及满足走出舒适圈、接触新鲜事物、放松心情的需求，因而在拥有舒适愉悦的出行体验的同时，结识更多志趣相投的人，拓宽现有的社交渠道，是当下年轻人所追求的生活新方式。

在早期，汽车车载微信、导航组队等功能的出现，就是对出行与社交关系初级阶段的探索，现在为了给用户提供更安全可靠、更舒适愉悦的出行社交体验需求，越来越多的创新型设计被应用到了出行工具中。

而如何从出行工具设计的功能性思维，提升到社交需求满足的用户性思维？我认为有两个方向，第一是基于出行方式的不同而聚集的社群性社交满足；第二是基于出行过程的多元体验而出现的娱乐性社交满足。对这两个方向的思考，让我们对出行社交产品设计有了新的理解。

【案例1】奥迪AUDI A4/A6/A8 HMI 设计

互联网带来的服务体验变革越来越深刻地影响着每个人的

生活，汽车也从原本只解决把人从 A 点运送到 B 点的工具，变成了日常空间充分延展的平台，使人们在驾车和乘车的过程中可以得到更多有趣的体验。

洛可可设计团队从出行过程的多元体验而展开用户娱乐性社交需求的探索，对奥迪中控系统的功能架构、交互逻辑以及界面风格进行了重新定义与设计，最终开发出一套双屏互动的可操作系统，并通过了可用性测试。在设计过程中设计团队通过焦点小组、头脑风暴、三级 coding（编码）等方法，进行了用户研究、需求定义、产品模块定义、中控和 app 的 UE（用户体验）/UI（用户界面）设计以

图 3.4　奥迪 AUDI A4/A6/A8 HMI 设计

及 demo（试用）的开发。

设计师还将更多的生活服务内置在中控系统中，使天气、音乐、活动等这些服务在出行过程中更好地与用户互动，为用户带来连接日常生活场景的顺畅体验。

在前期调查中，设计团队还发现北方郊游群体和南方郊游群体在出行行为上存在很大的差异。北方郊游群体更喜欢结队而行，但是这一需求到目前为止还未被有针对性地满足，在系统内设定队长、变更团队所有中控的路线、离队警告等在结队出行的过程中的需求都亟待被满足。对此，设计团队提出在中控加入团队导航模块，为郊游群体带来更愉悦的场景体验。

【案例2】北汽新能源LITE

随着年轻消费者的崛起，个性化、定制化产品突显，延伸到出行工具上，也呈现出不同的社群社交需求。

为了实现真正的"私人定制"车型，以及最符合市场和用户需求的汽车。洛可可用户体验设计团队突破传统汽车厂商设计、制造、销售的多维限制，重新设计研发流程，让用户、创客、工程师、设计师共同参与其中，打造出北汽新能源第一款人工智能电动车，也是世界上第一款装有车外彩屏的"新物种"汽车。

LITE独创仪表盘屏幕、中控屏幕、副驾屏幕，三联车内大屏，实现三屏娱乐系统交互体验。设计团队在三联屏设计上采用星轨与星球的概念，从用户体验感和心理模型出发，在设计中遵循着信息位置越近驾驶员越重视的常规，将最重要的信息放在星球的位置上，同时将次要信息及操作信息放在星轨的位置。整体视觉方面使用扁平化的表现手法，以拟物的方式，去除烦琐的质感，使之更加返璞归真，更符合当今市场趋势。黑色与冰蓝色的配色使想体现的重点信息更为突出，同时也增加了可识别性。这样的配色也暗含"宇宙

图 3.5　北汽新能源 LITE

星空"的含义。

外形多种颜色轮毂的个性化定制组合方案,加上无边框式车门、个性化跑车式后视镜、分段开启式后备厢,使整体造型简约动感,满足年轻消费者的时尚个性。

在内饰设计上充分贴合了身为互联网"原住民"的广大"85后"和"90后"的用车喜好,高清三联屏式中控台设计一改传统汽车中控台的设计套路,实现了中控系统、副驾操控和仪表显示间的三屏智能互联,整体呈现出科技、时尚、个性化的内饰风格,给人带来航空舱式的美学感受。

同时LITE也是全球首款车外首尾配备显示屏的车型,可以实现车内外多屏交互表达。在智能驾驶方面,设计师赋予它"自动泊车""360度全景影像""盲点探测"等功能。它还支持百度Carlife手机

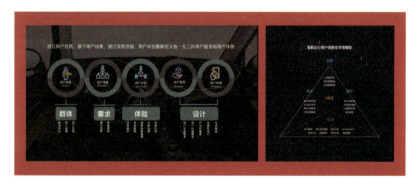

图3.6 北汽新能源LITE三联车内大屏

互联，轻点触屏就能轻松实现地图导航、电话链接、多媒体娱乐等一系列智能互联功能，并具备强大的语音交互功能，是一款能听懂话、会说话而且能正确响应语音命令的"高智商"座驾。这款设计能让用户和世界实时连接交互，实现生活空间的延伸，充分满足人们社交表达、娱乐享受、智能出行等方面的需求。

【案例3】微单V1折叠锂电动车设计

微单V1是面向年轻人的一款智能操控、张扬个性、便于存放的绿色交通工具，设计师希望能以此解决城市年轻人出行的痛点。在城市里，年轻人希望拥有一款轻便、方便、折叠又不占空间的代步工具，方便往返于公司与家之间。它需要比普通的自行车骑起来更快，比普通的电动车更轻便易折叠。

面对日渐兴起的电动自行车行业，传统电动自行车、折叠车和电动滑板在骑乘安全性、便利性和续航里程上都无法充分满足年轻人对折叠车的需求。另外，为人诟病的是传统电动车行业常年靠相互抄袭维生，停滞不前的生产技术也在阻碍着整个产业的发展。因此，如何针对目标用户打造时尚专业的代步工具，并且打破技术壁垒从竞争红海中脱颖而出，是微单V1的重要使命。

设计师从用户角度重新打造每处细节，将统一的设计语言贯穿始终。更加符合人体工程学的车架角度设计、专为长时间骑行而改进的舒适转把、更加符合电动车刹车力矩的刹把、简单快捷的折叠结构、高度整合的电池托架结构以及为夜间安全出行缜密设计的灯光系统，每一处都经过多轮验证与修改，以达到更高标准。

微单 V1 的车架、前叉、把立、车梯、曲柄、刹把全部采用铝合金 3D 一体锻造的工艺，彻底解决了焊接车架强度差、结构复杂、焊道不美观等痼疾，在保证强度的前提下，车架结构设计简洁、美观、辨识度高。同时还做到了外观三隐形：折叠器隐形、车梯隐形、前后轴紧固螺丝隐形，不仅颜值更高，同时也避免了螺丝和车梯对人体的磕碰。电路部分自创"线路二次集成法"，通过龙头一次集成和灯座二次集成，把龙头的 5 条线集成为 1 条线和控制器通信，不仅让外观看起来更简洁，同时也大大提高了生产效率，降低了维修的难度，最重要的是增强了用户的使用友好度。

整车共申请 29 项国家专利，其中包括 1 项发明专利、15 项实用新型专利、13 项外观专利。

在经过长时间的探索和市场验证后，出行社交及其所代表的场景化社交，受到了众多年轻人的喜爱，甚至还有人断言"微信可能会消失，但社交会演进到下个出行时代"，可见出行社交这种新的方式对我们的影响有多深远。作为一种基于兴趣爱好的社交方式，在社交方式不断升级的今天，出行社交无疑还有着更大的发展空间，很多出行 app 也开始研发社交功能，以此来提高用户体验，增强用户黏性。

而出行工具作为生活中一个越发重要的移动信息工具和载体，更是定义和设计下一代用户社交场景的必经之路。这也意味着，未来的出行工具，一定要兼具交通与体验的功能。只有把个性、新潮、环保的设计和自由、志趣相投的社交体验相结合，实现生活空间的延伸，才能满足用户的需求。

图 3.7 微单 V1 折叠锂电动车设计

文化社交

英国文化人类学家,爱德华·伯内特·泰勒是这样定义文化的,"文化是一个复杂的整体,包括知识、信仰、艺术、道德、法律、风俗,以及作为社会成员的个人而获得的任何能力与习惯"。

文化不能离开人,离不开场景,具有天然交流属性,于是就有了文化的传播,以及因为传播而带来的不同的文化圈层,不同文化圈层又延展出不同的文化社交需求。就拿咖啡馆而言,咖啡馆可以说是最早出现的文化社交场所了。

1650 年,英国牛津大学建立了欧洲第一家咖啡馆,自此咖啡馆便成了重要的思想交流之地,成为当时人们娱乐消遣、信息交换的重要场所,激发出了各种奇思妙想和伟大发现。欧洲各国所出现的第一份报纸是在咖啡馆诞生的,很多著名小说家、画家、音乐家的代表作品也是在咖啡馆里诞生的。不仅如此,它还见证了英国民主思想的诞生,吹响了法国大革命的号角,启蒙学者们高谈阔论的"自由、平等、博爱"的伟大思想就是从咖啡馆传播到了全世界。很多现代的保险、股票、证券交易,以及商业模式的出现都与咖啡馆有着密不可分的关系。

而随着社会的发展，城市现代化进程的加快，互联网新媒介的普及，我们对于商务、聚会、娱乐、社交等的需求变得越来越多元。正如法国人喝咖啡从来只在乎喝咖啡的环境和感觉，而不是咖啡本身一样，吃喝玩乐这样的基本服务显然已经不再是消费者的首选了。我们更需要的是能带来沉浸式体验、能接触到新兴的潮流事物、可以拍照分享到社交圈的新型文化社交空间。

2021 上半年，在全国购物中心的招商调改过程中，餐饮、文体娱、零售、儿童亲子、生活服务五大业态都对带有"文化""社交"属性的品牌情有独钟，希望通过打造更多的文化社交场景，把消费者留下来。

以文化社交为新动力，推动消费升级，促进经济发展，已经成了大势所趋。因此，我们看到文化社交空间如雨后春笋般涌现。

例如除了咖啡馆、酒吧、茶室、餐厅这些传统文化社交场所外，还有像和平菓局、阿波罗尼亚小酒馆、老上海 1192 弄风情主题街区、三联书店、腾讯视频好时光等等集多种业态为一体的新型文化社交空间，在带来了文化旅游和消费场景创新的同时，也契合当代年轻人的"打卡"社交习惯，成为很多人心目中的旅行打卡胜地，甚至升级成了一个城市的新名片。

不难发现，现在的文化社交都在积极打造"文化 +""社交 +"的模式，这对设计也提出了更高的要求——创新而丰富、多元而包容、休闲而有意义、潮流而有受众基础……总而言之，就是要能为消费者创造更难忘的体验。

那作为设计师，面对消费者的文化需求、文化社交需求，应该如何才能设计出满足当下的好产品呢？我想做文化社交的产品设计，需要思考的问题是如何将"形而上"变成"形而下"，将"抽象"变成"具象"。例如，读书是一件安静的事，但读书的场景是一个可以很有趣、很有温度的地方。

【案例1】桂城读书驿站

图书室不仅是人类精神的栖息地，也是一座城市的文化符号。在秋冬之交的夜晚，扎进一间灯火通明的图书室，与书作伴的感觉，就像找到了灵魂伴侣。

为了让城市更美好，洛可可设计团队与桂城街道合作，把人充分地放入文化场景中，挖掘具体、实际的状态，以众创的形式设计人民需要的读书驿站。设计师通过开展线上调查问卷和线下众创坊，让更多用户参与对"家门口"读书驿站的设计定制过程。

在线上，洛可可设计团队面向桂城市民开展了一次关于"公共设施认知与日常阅读行为"的调查问卷，共计回收1 002份问卷，实际有效问卷810份。调查数据显示，市民使用率最高的是公交站/地铁站的公共设施，而且市民日常较为热爱阅读，每周阅读1次以上的人占比近6成，超过20%的人每天阅读1次或更多。

同时，市民阅读书籍的内容种类广泛，人均阅读内容种类在4种以上，其中最喜欢的是美食/烹饪以及旅游/出行方面的书籍。而在自助图书驿站的使用方面，近6成的人都见过，但使用过的人却不到4成。

另外，在使用过自助图书驿站的人当中，有8成以上的使

图 3.8 桂城读书驿站

用频率在每月 3 次以下，可见，人们对现有的读书驿站认可度一般。通过以上数据分析，设计团队对用户的需求了然于心，明确了设计方向，为市民设计出理想中的读书驿站。

在线下，洛可可设计师们则举办了众创坊活动，与桂城街道的用户进行面对面访谈，收集其关于读书驿站的意见和建议。在用户的行为与需求启发下，洛可可设计团队创造性地提出增加饮品／小食售卖功能，增加避雨遮阳的遮挡装置、增添雨伞和雨衣出借售卖功能，配备更全面、直观的生活信息查询功能，增加二手书回收、售卖功能，增加儿童娱乐和阅读区域。在室外设置休息区，增加留言板等社交功能等，丰富扩大读书驿站的使用场景，在满足市民阅读的需求外，也为市民提供了一种新的社交渠道。

【案例 2】惠州读者读吧文化空间

惠州读者文化园是以读者 IP 为核心，集数字出版、文创设计、文化 IP 全产业链开发于一体，以创意产业为主要开发对象的产业园区。读者读吧是文化创意园中的前端入口业态，也是读者集团进行 IP 转型的线下重点项目。但是现有的空间布局较少有为年轻群体打造的体验型娱乐场所，只有基础书店与吃饭功能消费，文化体验较单一。

为了更符合时代和市场的发展趋势，满足年轻人多样化的社交需求，设计团队重新审视读者读吧的意义与价值定位，打造集原创设计、文化体验、文化社交、文旅休闲等为一体的当代全新线下文化实体空间。

图 3.9 惠州读者读吧文化空间

设计团队以"享、研、览、趣"四个主题,对学习型业态内容进行重新定义。在四层的独立空间中打造专属的场景式情感体验。让用户在历程中感受到思想的传递、碰撞和交流。让书吧从一个功能化场景转变成集生活化、产品化和社交化为一体的文化载体型商业空间。

改造后的读者读吧是"互联网+""文化+""读者+"的读者文化生态圈的索引体现,也是新时代下文化社交的一个切面。

数字社交

社交是人类的天然行为,早在原始社会,人类就有物物交换、赠予等社交行为。社交行为也因为科学技术的发展而在形式上发生变化。

当下,数字社交越来越普遍,传统面对面的社交活动在很大程度上被数字社交所替代,从每天必刷必发朋友圈,到在不同的社群里穿梭,从爱自拍到爱直播,不少人沉迷在数字社交中。

而提到数字社交,当然就离不开社交头像了。

社交头像就是一种直观而简单的信息,让他人快速地对我们形成第一印象。研究发现,头像在一定程度上能反映出本人的性格特征。

1999 年,QQ 横空出世,让那一时期的网民开始接触到了社交头像,QQ 多样的默认头像和后来衍生的 QQ 秀也给无数用户留下了深刻的印象。

到了 2021 年,数字化收藏品的热潮风起云涌,人们从传统艺术品收藏的认知里抽离出来,逐渐接受了虚拟数字艺术藏品也可成为一种流行的观念。

2021 年 8 月,NBA 球星库里花费大约 18 万美元购下了无聊猿游艇俱乐部（BAYC）的一枚数字头像，并将其设置为自己的Twitter专属头像。从此各路明星纷纷仿效，购买数字头像作为自己的身份象征以在社交平台上展露成绩。从NBA球星库里到足球明星内马尔，这就像是一场心照不宣的热潮，在名人圈和娱乐圈掀起波澜。余文乐、周杰伦、徐静蕾，众多明星开始将资产换作数字头像，来作为自己的一种身份标识。

收藏数字头像已然成为一种社交化新趋势，受众从明星到普通人，从年轻人到资深收藏家，他们将NFT头像作为个人资产，或将资产换作数字头像。

数字化社交需要捕捉两个更新点：一是科技在应用层面的更新，二是用户在虚拟世界的需求更新。如何将已有需求通过科技迭代？如何将现实需求迁移到虚拟场景，都是创新数字社交产品的方式。

【案例】如花世界通行证

在数字社交方面洛可可也根据我创作的"如花"IP，打造"如花世界"数字社交平台，并发行通往如花世界的通行证。

数字头像是经过区块链技术的算法进行加密过的图片，它有自己的专属链条，拥有自己的专属密钥，不可分割、不可复制、不可篡改，满足了很多人对个性化、定制化的需求。

我们将现实场景的通证形式搬到虚拟场景，打造数字社群聚集的新交友方式，并将AI数字图像生成技术注入应用可能性，让用户通过一个如花IP形象的数字图形实现数字社交。

图 3.10 如花世界通行证

第四章

设计是一种顶层思维

世界是设计出来的，那么设计来源于什么？

我认为是设计思维。

提到"设计思维"一词，很多人可能会误以为这是设计行业专属的概念，其实这是对"设计思维"的一个很大的误解。实际上"设计思维"是一套源自设计方法论，却又自成一体的创新思维模式，它不仅可以应用于设计行业，而且适用于各行各业，甚至我们生活的方方面面。

"设计思维"的概念孕育于20世纪60年代，关于它的定义，百度百科上是这样写的——设计思维是一种以人为本的解决复杂问题的创新方法，它利用设计者的理解和方法，将技术可行性、商业策略与用户需求相匹配，从而转化为客户价值和市场机会。

作为一种思维方式，"设计思维"被普遍认为具有综合处理能力的性质，能够理解问题产生的背景，能够催生洞察力及解决方法，并能够理性地分析和找出最合适的解决方案。这种方法不仅能成功应用于创新性产品、系统或者服务的开发，同时更是思维方式的变革，帮助个人和企业更好地链接和激发他们的构思过程，它的核心逻辑是发现问题解决问题，并在生活、工作及创作的过程中得以应用。

20世纪90年代，"设计思维"由知名的设计公司IDEO应用于商业用途，因得到了包括苹果、IBM、宝洁、百事可乐、微软公司、西门子、DHL、奥迪等客户的赞许而得以发扬光大。IDEO后将其纳入经营策略中，斯坦福大学、哈佛大学、MIT麻省理工与伊利诺理工大学设计学院也已将"设计思维"列入商业课程……

如今，设计思维被广泛应用于各行各业，甚至每个人也都开始学习设计思维。试想一下，如果让一个有设计思维的设计师去开一家餐厅、去做品牌策划、去研发一个小程序、去管理一个团队，是不是会有所不同呢？答案是肯定的。有设计思维的人，想象力更丰富，会更有审美意识、创新意识和服务意识，会更有洞察力，更懂市场，当然也更有用户视角，因而他们所做出来的成果也更容易被认可和接受。

用设计构建一套思维模式，再用这套思维模式去看待这个世界和理解这个世界，其实就是拥有一颗博爱的心去发现大家的不便之处和困境，并有帮其解决问题的决心。同时也是用一双创造者的手去将科学技术落地生根实现价值。更是用艺术家的眼睛去发现具有美感的事物，设计出既满足人们的使用需求，也浸润人心的产品。

那么接下来这一章，我们就来看一看设计思维的具体运用。

优秀公司的商业之道都是设计思维的运用

企业经营如果仅靠灵感、直觉、感性和艺术,是很难步入正轨的,要想规范和创新,就必须要有一套科学的理论和方法,而这套理论和方法,就是我们前面提到过的"设计思维"。一个企业的商业设计如果只聚焦在商业价值,可以赚钱但是无法定义为优秀,因为这家企业的顶层思维只关注到自身。而真正优秀和有大价值的企业一定是看到更多人的需求和困境,并以为其解决问题的目标出发,过程中实现使用价值和商业价值。

"设计思维"实际上是一种价值思维,它不像"互联网思维"那样,把价格拉下来,而是想办法把价值提升上去。今天的"设计思维",已经被大量运用于为各种企业和社会难题提供实用和具有创造性的解决方案,它不仅为设计师和政府规划者提供解决方案,还帮助大量企业蜕变为世界顶尖公司,并被视为中国大热的"互联网思维"的渊源。

当然,"设计思维"并不是一个固定的概念,它是会随着时代的发展变化而变化的。如今,工业时代已经渐行渐远,数字时代、智能时代的号角正在吹响,"设计思维"也衍生出了新的内涵,被赋予了新的时代特征。

根据我多年的工作经验和总结，我自己也构建了一套新的设计思维，这套设计思维的核心是"用户五法"和"产品五品"，其逻辑是以用户为中心，具体到用户视角、用户场景、用户共创、用户服务和用户体验，设计产品具有生命周期，具体为作品、产品、商品、用品、废品。

用户是设计的服务对象，充分地了解用户、研究用户、分析用户是设计出一个好产品最重要的前提条件。如果做不到精准的用户定位，做不到用户需求的捕捉，做不到用户价值的凸显，花再多的时间琢磨产品都无法实现效益。

第一：用户五法

用户视角：用户视角不是简单的同理心，它不同于企业视角和消费者视角，而是让自己回归到用户的角色，用主位思维去思考用户的利益核心是什么？

用户场景：在工业时代没人提场景，产品是孤立存在的，今天的场景是和产品、用户一起存在的。而且今天的场景还多了一个逻辑——数据，比如说电影院已经不是第一场景，第一场景是在购票之前，消费者会先了解电影的相关数据，再决定是否进入影院，观影之后还会给出数据反馈，可见整个消费场景被拉长了。

用户共创：以前只需要设计师进行创造，设计思维就是设计师的思维。今天因为信息扁平化，场景把大量用户聚集起来，用户可以在不同的空间中讨论同一件事情，因而产生了极强的创造性。用户在场景中聚集产生的数据流就产生了共创。这当中设计师与用户已经一体化，用户表达自己有什么问题有什么需求甚至应该如何被满足，而设计师发挥的是专业水准、美学逻辑及对材料、工艺、色彩的把握。

用户服务： 当今最大的改变是从产品时代转变为服务时代，服务的节点比产品要丰富得多，甚至不需要拥有产品。用户需要的不只是一个产品，而是直抵内心愉悦的用户服务，直指价值体验的过程和结果。

用户体验： 用户体验是一个多元复杂的体系，由感官体验、行为体验、情感体验构成。如果没有好的用户体验，前面的步骤就完全没有价值，只有满足了用户体验，才能拥有卖点。

第二：产品五品

产品是一个综合的整体，不只是一件物品这么简单。设计师需要整合思考，才能将使用性、美观性、商品属性、可持续性综合进一个产品中。

作品： 每个设计师在设计一款实用物品时，都需要怀有艺术家创作艺术作品的初心，需要把改善生活与创新放在首位，每张设计图纸都应是设计师呕心沥血的作品，需要注入想象力。

产品： 当设计图纸上的作品进入工厂，将艺术作品与工艺可实施性结合，并且在生产车间被批量生产出来的时候，此时的作品就变成了产品，这就需要设计师了解加工工艺，了解生产链条，了解成品和周期。

商品： 产品从工厂出货，进入市场流通，产生了各种成本，也拥有了价值。在商场里，我们可以花不同价格买到对应的各种商品，这就需要设计师懂得控制各环节成本。

用品：当我们把商品买回家开始使用的时候，它们就释放出了使用价值，成为我们生活中的用品，为我们的生活带来便利，直至这件用品的使用价值被充分利用殆尽。这就需要设计师充分了解用户痛点与需求。

废品：用品的使用价值耗尽后，就到了其最后一个生命周期。废品的回收与处理涉及环保问题，这就需要设计师在产品设计的开端就预设好该产品变成废品后的循环性和可持续性。

以上两套"设计思维"，是我理解的这个时代的新设计思维，它最大的不同是"不把用户当消费者"并"赋予产品生命"。消费者逻辑是工业时代的逻辑，你不消费就不是我的用户，而未来的设计先构建的是关系体系，设计师最核心的目的是用更细腻的视角去观察用户的需求，满足用户的需求，并对产品的各个周期进行全面考虑。

理解用户是设计的重中之重。洛可可至今获得523项国内外奖项的作品中绝大部分是设计师从用户视角出发设计的作品。我们看似是一家B2B的设计公司，但不同之处在于我们超越了企业的要求，去了解企业背后真正的用户需求是什么。

不能数字化的企业,是时代的弃儿

什么是数字化

很多企业觉得在家办公,拥有一套远程办公软件,自己的公司就已经是数字化企业了。其实这还不是真正的数字化。

我认为数字化主要涵盖结构化、在线化、数据化、智能化这四个方面。

通过结构化、在线化、数据化、智能化,洛可可一千个自有设计师和四万个平台设计师,他们在家就能一秒建立项目空间,3 秒为客户提供 100 个 logo 设计。

第一:结构化

从 2004 年到 2014 年,我们用了十年的时间,建成了一个在国际上能够代表中国设计的工业设计公司。此后共享经济出现了,外国有 Uber、Airbnb,中国有滴滴,这些公司的有趣之处在于,它们没有属于自己的车和司机,却成了全球最大的出租车公司；没有一间自己的房子，却成为全球最大的线上民宿租赁平台。受此启发，我突然意识到，为什么要养设计师呢？其实设计师并不喜欢被束缚，不喜欢朝九晚五。这时我提出用数字化模式建立下一个平台，开始了数字化探索。

我们做的第一件事，就是把洛可可前十年的工作中形成的像黑箱子一样的创意进行结构化和标准化，用了两年的时间总结出13大节点、45个标准化工作、6个月的时间承诺，将原来非常复杂无序的创意，变成一个真正能够标准化、结构化、流程化的模型。

但这并不是真正的平台，因为它没有平台的逻辑和功能，还不能把全球的设计师、工程师甚至是工厂构建在上边，于是我们开始构建一个全新的设计师平台——洛客。

第二：在线化

2016年，我辞掉了洛可可总裁的职位，开始投入洛客的构建，我甚至还提出一句话叫作"干掉洛可可"。

而洛客平台上线一个月，我们就有了三千多位设计师，不到两年，我们就有了几万名设计师，现在，有了近一百万创造者。

我印象最深刻的是与喜马拉雅合作的一个项目，当时喜马拉雅想把原来的音频体系变成一个智能音响，甚至是变成各类智能设备，做到真正的万物有声。于是我们合作建立了一个声音实验室，让喜马拉雅的用户参与我们的研发，让更多的设计师去构思这一千万个音频的使用场景。

这是一次最大规模的用户线上参与实践，一共有2.5万人参与，覆盖 37.5 万人，原本 170 天的设计研发项目，在线化仅用了 11 天。

第三：数据化

2018 年，我们通过和阿里云、钉钉的一系列合作，构建了一个设计流程数据平台。首先，我们构建了一个数字化的组织，将所有人的行为数字化。

比如在一个音响设计项目中，至少需要 6~7 种人，可能一个设计师在美国，一个工程师在德国，这时必须要保证多角色协同工作，服务过程透明化。要建立项目经理工作台、设计师工作台、财务工作台、CEM 工作台等，甚至还要给客户建工作台。通过数据化工作流，我们提高了原本的工作效率，能更快更高效地为客户服务。

第四：智能化

有人说，2019 年是智能应用元年。我想设计也应该要在智能层面探索，因为这是科学技术又一次集中在应用层面落地和使用。

于是 2019 年，我邀请了两位合伙人来到杭州，和阿里的达摩院一起研究设计这个行业怎样以智能逻辑驱动未来，于是洛普惠智能设计诞生了。原来做一个设计要两周，现在只需要 3 秒；原来客单价上万元，现在只要 100 元；原来一天最多设计100个logo，现在可以设计2 000个、3 000个。在技术与数据的支持下，加上在线化工具和标准化产品逻辑所产生的价值，洛客云出现爆发式增长。

复盘数字化组织进程的4个阶段，我认为：首先要构建结构化和标准化，其次是平台化和工具化，再次一定要有在线化的数据工具打通供给侧与需求侧，最后一定要用智能技术赋能。

这4点说起来容易，但是我们这6年也走了很多弯路，其实没有快速的成功，只有一直跟着时代往前走。

数字化设计赋能生活新方式

数字化转型，不是理性与感性的对抗，这两者并不相悖，而是能够共存的。不能仅仅把数字化看成是一种技术能力，还应该把它看成是一种生活方式、一种工作方式、一种创造方式。

其实作为一个企业的经营者，在数字化面前，我考虑的更重要的一件事是——在企业走向结构化、在线化、数据化、智能化的同时，如何构建在线化的文化体系。我希望通过在线化的文化，让员工感受到关怀，能够让他们通过不同的方式成长，并且拥有成就感，从而激发他们巨大的创造力。

洛可可在线化的文化体系是我一直强调的重点。例如我们曾经在2月14日开展了一个在线情人节活动，就是在情人节之际让每个在家的小伙伴，都能在线储存他们对自己的小宝贝、父母、伴侣、宠物的爱意。出人意料的是，我们的设计师们非常活跃，大家以各种各样的方式秀恩爱，并且储存在我们的工作圈里，直到现在还能看见。这就是他们在 2020 年 2 月 14 日所留下的一种数字化的感情描述。

当数字化变成了一种全新的生活方式，它就不再是一个冷冰冰的概念，而变成了一个有温度的场景，让每一个人都能欣然接受这种变化。

欢迎来到数字化世界

当开始构建数字化的文化时，还需要想什么？你要去想象生活在一个新的数字化的背景下，如何去构建一个数字化世界观。

未来的数字化世界，一定是一个协同网络世界。

这里可能有超级个体，就像今天的网红一样，有像我们爸妈一样的群体存在，也会有钉钉、小鹅通这样的平台出现，甚至还会出现一个个小型的组织……这些群体，在数据打通、智能赋能的情况下，必定会催生一种具有复杂生态的智慧涌现。

举个例子，当群体创造出现以后，会不会有这样的现象？

一个美国大妈，想出了一个能够使生活更方便的点子；一个以色列的工程师，有一套技术能够实现大妈的点子；一个中国的设计师，将其呈现出满足最大市场化需求的样子；一个德国的工程师，把整个工艺结构，全部按成本结构算好；最后，一个越南工厂，用非常低的成本做出成品。

这个逻辑大家觉得可行吗？

这种企业赋能、技术协同的方式，在我们的平台大量存在。

今天，面对一个复杂组织和复杂创造，你需要学会用数字化逻辑和社会化资源来构建创新模式。这是一个非常重要的概念。

现在洛可可有一千多名设计师，规模相当于一家自营的出租车公司；洛客平台有接近 4 万名设计师，还有 100 多万名创造者，相当于一个滴滴的体量；同时还有洛客云这样的智能平台，它就像是一架无人机。

很多人问我是不是干了三件事，实际上我是通过组织协同将专业、平台、智能这三个事物有效地链接在了一起。

我觉得下一个时代，一定是数字化的时代，数字化商业将是未来的发展趋势，这个趋势主要包括三点：数字化产品大量出现、数字化组织改变、数字化产品 + 组织进入商业体系。

第一，中国可能会引领数字化产品涌现的潮流，不论硬件产品还是软件产品。未来全球产品只有两种：功能产品与数字化产品。比如现在的数字化课桌，能记录学生的所有行为。未来，无论是车联网，还是无人物流车等领域，中国都会加入全球数字化产品竞争。可预见的第一个未来趋势是在数字化产品的全球竞争中，中国可能会逐渐领先。

第二，打造数字化组织。数字化产品到底由什么组织打造出来？不是由传统组织打造出来。中国企业已开始向数字化组织转型，开始做数字化工具，设计公司也已开始用数字 + 智能做项目。

第三，数字化组织和数字化产品开始融入大的数字化商业。未来全球商业将从中国商业开始成为数字智能商业。智能汽车、数字货币……我们的工作、生活全部数字化。企业、产品、商业形成数字化体系。未来 10 年，全球竞争将是国家、产业、企业、消费者在共同构建一套完整的数字化商业。谁数字化商业闭环做得好，谁就能通过数字效率、精准度和 AI 驱动世界发展。

这是一个想象力也将被重新定义的世界，一个人人都可以感知数字化带来的无限美好的世界。在数字化商业的大趋势下，洛可可、洛客、水母智能正在用数字化构建着无边的世界，在数字化的浪潮下，将不再有大公司和小公司之间的对抗，有的只是明白消费者需求的、能够快速适应数字化转型的公司和不能快速适应的公司之间在全球市场和本地市场上的竞争。如果企业不能实现数字化变革，不能打造数字化产品，不能做数字化营销的话，那么企业注定将会成为这个时代的弃儿。

了解了数字化的发展和趋势，那么设计数字化所指向的最终目标到底是什么呢？

在我看来，是普惠大众。

普惠：人人用得起设计

从给世界 500 强做设计，到给中小企业做设计，再到今天给小微企业甚至个人做设计，我的设计价值观也在不断发生着变化。以前，我认为"让设计把世界变得更美"就是帮助世界 500 强做出更加出色的产品。但是今天，当有了社会化组织、智能化组织的时候，我深切感受到，并不是特别高大上的作品才叫设计，真正好的设计应该服务于我们的生活，并且还必须是人人都能用得起的。

换言之，好的设计一定是普惠的，这是设计最底层的逻辑。

什么是普惠设计？普，是我们能够具备大规模个性化交付的能力，服务的目标客户群体越来越大；惠，是我们发现现在整个市场的设计需求在以 10 倍速增加，但实际费用却没有随之增长，这也就意味着，不管是头部企业还是腰部企业，都能享受到设计的价值。

在第一章我们说过，设计的本质就是解决我们生活中遇到的各种问题，它不是被束之高阁的艺术品，不是让人望尘莫及的东西，但是为什么那么多设计师都把心思花在做"高大上"的设计上呢？是因为以往只有"高大上"的人、"高大上"的企业才买得起设计,可是这并不代表老百姓就不需要设计,并不代表目前经营不太好或者处于初创期的中小企业不需要设计。

在过去,很多中小微企业在不菲的设计费用、复杂的设计流程、高昂的沟通和时间成本、较长的制作周期等问题面前望而却步,设计需求得不到满足,品牌塑造之路困难重重。尤其是在疫情期间,中小微企业经营遭受重创,低成本但快速高效的设计成了刚需。

2020年2月,我们孵化出了水母智能。它以AI设计为核心竞争力,是覆盖企业全方位设计需求的可商用智能设计交付平台。我们自主研发了"达·芬奇AI设计引擎",凭借近20年在设计行业的经验积累及用户数据,将设计原理、设计模型及人工智能技术深度融合,进行全链路设计算法研发,实现了数据在设计、生产和营销环节的全程流通,从而进一步推动了在线设计技术革命。水母智能最初以logo设计切入,之后陆续拓展到智能包装设计、智能商品设计、智能形象设计等服务,基本覆盖到面向普通消费领域的设计需求,为中小微企业提供"美、对、快、省、可商用"的普惠设计服务。以logo智能设计为例,现在水母智能已经达到了3秒钟设计上千个logo的效率,且单个logo的设计成本被控制在几十元到几百元,远低于人工原创设计的服务价格,同时还节约了沟通与生产规范化的成本,提高了设计生产的效率。

在水母智能最初上线时,我们团队的人都不确定这种新的设计方式能不能被用户接受,但出乎意料的是,在疫情期间,我们两天就收到了3 000多家企业的付费,这让我们信心倍增,也更加深刻感受到普惠设计的必要性。

据统计，中国的小微企业有 8 000 万家，占中国企业数量的 70%，但是我们过去做设计公司的时候，是很难服务到它们的。而现在，有了水母智能，我们的目标和使命就是让设计惠及这些小微企业，帮助它们打造属于自己的品牌。

到今天，我可以毫不犹豫地说，在我这几次的创业过程中，让我觉得最开心、最骄傲、最有意义的事情，不是我们服务了哪些世界 500 强客户，而是楼下那个卖煎饼果子的老王，花了 9 块 9 购买了水母智能设计的 logo，终于有了自己的商标，走上了品牌化创新之路。

看到这里你应该也会发现，所谓"普惠设计"，普惠的其实并不是设计本身，而是美好的世界。从一个商标到一张菜单，从一把椅子到一台智能机器人，普惠设计的本质是让每一件物品都可以被设计，让每一个人都能享受到设计的价值，用更高效、更便宜的方式为更多人提供美学思考，进而让这个世界变得更加美好。

第五章

设计是一种生产力

我们都说科学技术是第一生产力,那么第二生产力会是什么呢?

我认为是设计。

我并不是在以一个设计师的身份故意拔高自己行业的地位,而是从历史的长河回望设计的重要贡献,所得出来的一个客观结论。

早在原始社会,当人类开始打磨石器作为武器和生产工具,用来防御和获取食物开始,设计就成了人类文明发展进程中的重要生产力。到后来,又出现了打猎用的各种工具、饮食用的器皿、遮风避雨的房子、出门远行的代步工具……设计的出现,提高了我们的生活水平,改善了我们的生活质量,让我们从茹毛饮血的原始时代一路发展到了越发高效便捷的信息科技时代。

而随着人类进入数智化时代,同蒸汽时代的蒸汽机、电力时代的发电机一样,数字化和智能化将是下一轮生产力革命的核心力量。这也意味着设计的重要性越来越凸显,在提高生产力、促进经济发展过程中发挥的作用也越来越大。在本章中,我将分别讲述数字化和智能化在提高社会生产力上是如何发挥作用的。

数字化是一种生产力

对消费者来说,数字化是新的消费方式;从经济的层面来说,数字化是新的商业机会;而对于传统产业来说,数字化是新的生产力。数字化商业将是未来发展的趋势,体现在以下三点:第一,数字化产品大量出现。第二,数字化组织改变。第三,数字化产品+组织进入商业体系。

上一章说到数字化是企业发展的一种顶层思维,那数字化落实为生产力是一种底层逻辑。而这个底层逻辑,有几个要素,第一就是技术应用,第二是数据提取,第三是模块化与流程化。设计若能满足此三要素,便将数字化转换成了一种生产力。

以钉钉为例,它把企业经营管理当中的人、财、物、事等场景从线下搬到了线上,把通讯录、开会方式、审批方式都数字化了,就像 PC 时代电脑是生产力工具一样,移动时代钉钉就是最好的新生产力工具。

2020 年新冠肺炎疫情初期,从机关到企业,传统组织形态被冲得七零八落,但很多企业用钉钉找到了应对方法。

数据显示,钉钉在疫情期间用户突破 3 亿,助力 1 500 万家企业实现复工复产。其中有不少典型的传统组织企业,比如中铁四局，在疫情暴发后 3 个月的时间里借助钉钉开展群直播 11 次，时长约 1 679 分钟，开展群视频会议 25 次，时长约 5 525 分钟，累计惠及上万人次，保证了一系列重大工程的稳步推进。

钉钉释放了数字生产力，改变了生产关系、人与组织之间的关系，以及人的工作环境、生活状态，完善了组织管理，提高了工作效率，让每一个人、每一个组织、每一家企业都能在数字化的浪潮中创造更大的价值。

数字化显然已经成为几乎所有行业领域实现增长的决定性因素，在设计领域里的发展势头也尤为迅猛。

例如洛可可与钉钉合作的"云端设计部"，可以提供 4 万名云端设计师一对一在线服务，涵盖从企业视觉、产品包装到电商店铺等 20 余项设计服务，一站式满足企业多场景下的设计需求。企业在钉钉广场应用页面下单，3 秒即可创建专属设计团队，含云端设计师、项目经理与设计总监。从下单到交付，沟通过程文件与交付成果全部在线，确保可回顾、可追溯。以前组建一个 3~5 人的设计团队，企业一年预估需要投入 50 万元；现在同样的设计工作，通过"云端设计部"，在保障质量的基础上只需要 1/5 的费用，大幅度降低了企业的时间和人力成本。

【案例 1】敦煌丝巾

2017 年 12 月 29 日，数字丝绸之路一周年之际，敦煌研究院与腾讯达成战略合作，共同发起敦煌"数字供养人"计划。

通过游戏、音乐、动漫、文创等多元数字创意方式，号召用户参与到敦煌文化遗产的保护和传承中来。

为了将敦煌文化的精髓传递出去，腾讯

图5.1 敦煌丝巾

与洛可可设计团队历经 122 天，在对敦煌壁画开展深入研究与调研后，通过数据提取，以莫高窟辨识度最高的九色鹿形象作为设计灵感的原始点，再将创意延展至丝绸之路景象与飘逸的飞天，一并加入丝巾图案中。

"敦煌丝巾"以敦煌石窟的藻井图案为灵感，融入藻井多样的纹饰和庄严富丽的图像。为吸收更多年轻人的创意与想法，敦煌丝巾还特别推出了 DIY 设计款，同时从敦煌壁画中提取了较具代表性的 8 大主题元素（如莫高窟第 407 窟的三兔共耳、第 257 窟的九色鹿等元素）和 200 多个壁画细节元素，供用户任意组合、设计，让年轻人通过数字化平台 DIY 一条属于自己的文创产品。用户在完成自己满意的 DIY 设计后，可一键下单定制实物丝巾，相比普通的丝巾而言，更有纪念意义。

从先秦到明清，敦煌作为丝绸之路上的重镇，历经几千年文明滋养，留存了无数璀璨的文化与艺术瑰宝。而数字化的应用，则让敦煌艺术深入走进了大众的生活。

【案例 2】晨光文具"盛世新颜"系列礼盒

洛可可设计团队为晨光文具打造的"盛世新颜"系列礼盒，聚焦国粹文化，选取京剧中"生旦净丑"四大角色，以诸葛亮、虞姬、项羽、蒋干四位历史人物为设计灵感，选取人物发饰以及衣服纹理上最具特色与趣味的部分进行设计创作，将传统京剧纹样与现代几何图像相结合，利用浓重的京剧色彩系统，以线条勾勒的方式重新演绎了京剧人物形象。

礼盒内部设计则创新结合了 AR 技术的应用，通过 app 扫

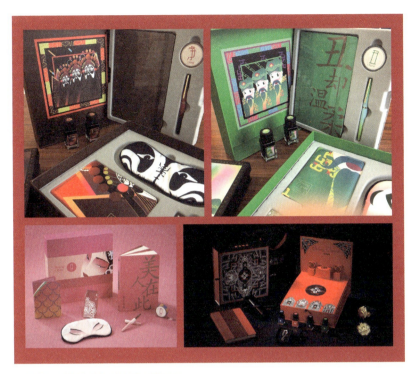

图 5.2 晨光文具"盛世新颜"系列礼盒

描礼盒盒盖内侧,诸葛亮、虞姬、项羽、蒋干将跨时空登场,演绎《空城计》《霸王别姬》《蒋干盗书》等京剧经典唱段,同时用户还可在手机上与其互动,360°无死角观看,身临其境感受传统国粹京剧与现代科技结合的魅力。

【案例3】珂拉琪花木兰彩妆系列

迪士尼电影《花木兰》上映时，国潮彩妆品牌珂拉琪（COLORKEY）找到洛可可希望做一个花木兰联名彩妆系列。当时珂拉琪的诉求主要有三个：一是将面向"95后"年轻女孩的潮酷、街头、活力的品牌定位与花木兰的忠、勇、真的精神形象结合，使IP赋能品牌理念，突出品牌价值，打造出爆款产品；二是设计形式创新，差异化设计；三是定好方案后三天左右出稿。

IP联名与品牌理念的传达，体现在产品上，两者不是简单的叠加，而是需要通过设计形式的创新与符号化的表达，把画面进行解构重组，以新的设计手法表现出来。这个设计的核心亮点是找到了红丝带这个符号化元素。设计师将花木兰精神、花木兰真人版电影海报上刘亦菲一身红装的柔美、花木兰战场红色披风的英姿飒爽、英雄木兰胜利战旗这几个具象与抽象的元素进行数字化处理、符号化替代，锁定了红丝带这个元素。

丝带的视觉效果设计比较硬朗，但是缠绕在圆形的瓶子上又呈现出奇妙的弧形，这个独特的设计寓意着花木兰的双重精神，既有浴血沙场的英雄气概，又有女孩温柔妩媚的一面。设计师利用二维与三维产生的视觉幻觉以及手绘风格的丝带，来契合品牌涂鸦与潮酷的街头文化，与品牌理念深度绑定。花木兰logo与图案结合形成四方连续图案排列、花木兰扇面图案的二方连续排列运用了波普风格的表现形式，这也呼应了品牌的理念。

最终，我们的设计师团队完成了客户提出的三点要求，也得到了市场认可。而这很大程度上得益于我们的数字化决策。

图 5.3 珂拉琪花木兰彩妆系列

我们在彩妆赛道上，对美学色彩、美学流派、国际流行元素、文化艺术跨界等以及社交平台流行话题做了大量的研究，模块化处理，建立了四大板块的数据库。基于这几个数据库，可以快捷地输出方案风格与创意方向，模块化交付流程管理，保证设计的制作效率，供应链前置的同时也保障方案能够落地。

数字化时代，工厂已经从物流工厂变成了数字工厂，例如洛可可旗下的洛客现在就已经把很多工厂都原子化了，我们链接全球的数字工厂、设计师，让全球贸易能够无缝对接。比如我们在制作一辆汽车的过程中，可能会找250名全球设计师和工程师一起在互联网上造车，这种生产力在以前是难以想象的。

未来，全球化一定不仅仅是简单的区域制造，还有非常重要的一个是设计研发供应链。今天的供应链已不是制造供应链，而是设计研发供应链，谁真正掌握设计研发供应链，谁就能驱动供应链。

设计师要紧紧拥抱数字化这个新的生产力，培养数字化思维，利用数字化设计产品，做好数字化转型。

我认为未来全球产品只有两种——功能产品与数字化产品，我们已有数字化设计的能力，在未来数字化产品的全球竞争中，中国将逐渐领先。

智能化是一种生产力

数字化更前进一步就是智能化,在数字化的支持下,能更人性化地满足人类的各种需求。智能化与数字化最大的不同就是通过设计提高产品的自动性、自主性、自制性。

如今,在各行各业,都不难发现人工智能的身影。

在餐厅,机器人可以顺利完成迎宾、送餐,甚至烹饪等全套流程。

在商场,导购机器人可以帮忙查找店铺、美食、洗手间、商场地图,还具备唱歌、跳舞、播放动画片、小游戏等娱乐功能。

在教学中,智慧课堂、智能搜题、语音辅助教学的应用已经相当普遍。

甚至在媒体,机器人也能在突发事件中快速撰写新闻稿。

……

我们曾经在科幻电影里看到的匪夷所思的人工智能改变世界的场景,似乎都在现实中一一实现了。

人工智能的出现,帮助我们更高效地解决了大部分复杂、重复、烦琐的问题,让我们的生活变得更加便利。不可否认的是,我们虽然不是生活在人工智能的黄金时代,但无疑是生活在人工智能提高生产力的黄金时代。我国最近发布的《新一代人工智能发展规划》中明确指出，到 2025 年人工智能基础理论将实现重大突破，部分技术与应用达到世界领先水平，人工智能产业进入全球价值链高端，新一代人工智能在智能制造、智能医疗、智慧城市、智能农业、国防建设等领域得到广泛应用。

人工智能的普及，将会是不可逆转的潮流趋势，设计人工智能，也将是未来设计行业发展的重要赛道。

【案例 1】海底捞智慧餐厅

作为餐饮赛道领跑者，海底捞与洛可可合作共同打造了全球首家智慧餐厅，在这里用户有更好的沉浸式用餐体验：能吃到更新鲜的菜品，享受更新潮的科技，体验更个性的服务。

在餐厅里，顾客可以享受不同的主题，比如凡·高主题、毕加索主题、中国风主题，等等。你会发现，这些餐厅风格多变，会根据用户需求应用和调整相应的场景，通过大量的数字化屏幕和投影，输出信息。不管是墙面还是地面，都可以与用户互动，整个智能化场景让用户体验变得更加舒服。当你去海底捞点餐，也会发现海底捞越来越懂你，因为你以前点菜的记录，都会被记录在系统里。

智慧餐厅的核心诉求是让用户可以吃到新鲜和安全的菜品，洛可可新餐饮赛道的设计师们将菜品分类，并借助大数据分析将菜品精简到 60 道，并将菜品归类，最终将 60 道菜品简化成两款餐盘盛放，以简化机器人的操作流程。为了让顾客吃

图 5.4　海底捞智慧餐厅

到新鲜的食材,设计师将射频识别(RFID)标签嵌入餐盘底部,通过监管系统实时监测,把过期的菜品自动扔掉。而且,餐厅将菜品新鲜度的监测大屏幕向用户完全公开,消费者可从中看到剩余菜品数和过保质期的菜品等。

所有菜品从自动控温、30 万级超洁净智能菜品仓库中,经过全程 0~4℃冷链保鲜物流直达门店,进入自动出菜机。机械手臂将用户点的菜品在两分钟之内送到餐桌上。知识管理系统(InSight Knowledge Management Systems,简称 IKMS)作为智慧总厨大脑,实时监控、管理,维护整个无人后台的运行,从点单到配菜到上桌,实现后厨自动化生产,可以节约后厨近 37%的人力成本。餐厅后厨自动化带来了更加安全的食品品质，提高了上菜效率，降低了门店的管理成本，使海底捞智慧餐厅的人员配备比同等规模的门店减少了20%。

通过设计实现自动化，通过自动化提高生产效率，智能化成为真正的生产力。

【案例 2】哈工大协作机器人

自动化更进一步是实现自主化。在无人的情况下，实现自主运作。工厂自动化、无人化不仅能提高工厂产能效率，还能降低日益增长的人工成本，在疫情等特殊时期更能减少工人聚集传播的风险。中国的

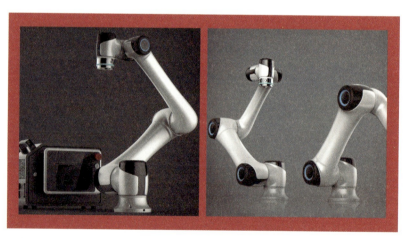

图 5.5　哈工大协作机器人

小型生产制造市场对自动化、无人化的需求日益增大。考虑到目前的生产线现状，一款能满足更多使用场景的协作机器人就显得十分必要了。哈工大机器人集团与洛可可合作设计的哈工大协作机器人，力求从视觉创新、用户需求、人机体验、使用交互等多方面全新定义智能协作机器人。

通过对实际使用场景的勘察和对产品的深度体验，洛可可设计团队为哈工大机器人集团重新定义了产品整体的设计语言，使其能够在强调设备感、工业化的众多协作机器人中脱颖而出。在整体过程中，设计师深入产品的每个细节，从外观风格定义到细节优化，再到隐藏螺丝孔和法兰盘等功能硬件的结构设计，以及最终的落地生产，始终以专业的品质提供高质量的服务。

在该款协作机器人设计之初，洛可可设计团队便为其定下轻量化、智能、灵巧的风格基调。其智能且具有亲和力的外形，改变了传统工业机器人冰冷、僵硬的形象。外观的每个关节实际上都是通用的共用件，既保证了生产的高效率，同时也降低了装配的工作量；两个大臂则如钳子般夹住每个关节，赋予了产品以力量感。并且，通过简洁的造型元素和材质及颜色对比，使其具有更加现代、专业且智能的产品属性。

哈工大协作机器人于 2017 年 8 月参加世界机器人大会（World Robot Conference，简称 WRC）后，获得了社会各界的广泛关注。WRC2017 现场，哈工大机器人集团（HIT Robot Group，简称 HRG）与多家企业达成战略合作。

【案例 3】蜂盒 BEEBOX 生物识别终端系列产品

自动化、自主化再高一层是自制化，通过设计让产品可以高精度识别，并自制控作，完成任务。在我们为客户设计了第一代产品并获得红点奖之后，蜂盒科技希望再次与我们合作，打造生物识别领域的标杆案例。

因此，如何突破之前的设计，为客户重新定义产品，成了设计师重点考虑的事情。通过大量的市场研究、竞品分析、人机分析等前期工作，设计师确定了此款设计整体极简、细节点睛的外观设计基调。与结构、电子研发等相关人员深入沟通，要达到超薄的外观，就必须重新探索产品的整体硬件，以及重新梳理所有的人机尺寸、按键使用频率等，使操作流程更合理、更专业。

外观设计方面，在产品的主视觉面，设计师将广角摄像头、补光灯、红外灯、身份证刷卡和指纹触摸等关键硬件有机整合，在满足技术需求的基础上保持了外观的整洁和精致。功能设计方面，设计师利用全新的人脸识别算法，实现对人脸的精确定位，将识别速度和识别精度双双提升到新高度。在标定姿态下，正确识别率可以达到 99.99%，减少人员滞留时间。

产品面市后，被广泛应用于酒店、机场、车站、办公场所、展览馆、学校等多种场所，以身份证和指纹为基础的人脸实名制业务从根本上保证了人们的通行安全、交易安全等，杜绝了社会上伪造、盗用、冒用他人身份信息等违法犯罪行为。2019年2月，BEEBOX 生物识别终端系列产品荣获德国"红点"设计奖，获得了设计界与市场的双重认可。

无论是创新公司、传统实体企业，还是做互联网服务的公司，未来智能商业都是绕不开的话题。每个企业都将被动或主动地通过提效降本，通过创造新产品，通

图 5.6　BEEBOX 生物识别终端系列产品

过洞察用户的新消费需求，通过把全链路做成数字化体验，通过更立体的数字化服务，来定义自身的智能商业。智能商业一定是未来5~10年的主流趋势。目前各行各业才刚刚开始尝试，真正数字智能化的落地还没有特别多的案例，洛可可也正朝着智能商业的方向前进，也在实践中摸索出了一些经验。

在智能出行领域，我们尝试了汽车中控系统设计，出行工具，出行场景下的硬件、软件、服务等。传统的出行场景下，驾驶员在驾驶汽车时需要握紧方向盘，精力集中，眼观六路耳听八方，不能三心二意。但是在未来智慧出行的场景下，随着自动驾驶技术的成熟、智慧车载设备的普及，驾驶员可以在人工智能设计的辅助下，完全"解放双手"，既享受出行的便捷，又能看电影、听音乐、处理工作，这一切都不再是小说中的想象，而是已经开始一步一步地走入大众生活。我小时候经常幻想关于汽车的种种炫酷又不切实际的功能和场景。如今，在我带领的团队手中，这些功能和场景已经完成或者正在完成，这让我无比激动。我至今也从未停止过幻想，并且始终相信，我现在的一些幻想，在未来的洛可可，也都能变成可看见、可触摸、可感受的真实产品。

在智能物流领域，我们设计了阿里巴巴菜鸟小G物流机器人、思博智能无人车、旷视T800-AGC机器人系列等，有效降低了人工生产、分拣过程中的出错率，提升了整体自动化水平，减少了场地占用面积。在疫情时期，为了减少人与人的接触，控制疫情传播途径，衍生出了无接触服务。其间，洛可可设计团队联合客户，设计出了多款智能物流产品，例如和美团外卖共同打造的美团无人配送车，基于用户体验和商业模式，独具创新地采用了四面屏设计，前后屏用于与使用者的交流互动以及后期广告化商业化的内容传播，左右屏用于示宽灯展示，确保行车及路人安全。为了适用多场景，设计团队为这款无人配送车特别设计了保温内置仓，既提高了餐品取放的效率，还便于清洁消毒。

为行业减负，提高行业生产效率，是人工智能诞生的重要背景和意义，也是设计的重要使命。人工智能赋予万物感知能力、学习能力、分析能力，让产品拥有自己的生命和意识，让万物互联互感，让世界变得更加美好。

设计始于生产力,又不止于生产力

在上一节,我们看到了人工智能在各行各业的应用,及其带来的诸多便利,也看到了设计人工智能在未来巨大的发展潜力,这一节,我主要思考的是,在大大提高了生产力,让人们的生活质量和水平得到明显改善之后,设计还能做些什么呢?

我认为,设计在生产力之外,还在两个层面为人类带来了改变。

第一:从技术层面看,设计注重人的情感和体验,改变了人类的需求层次

工业革命后,生产力大幅提升,人们的物质资源得到极大丰富。但是长久以来,工厂生产的产品多是满足人们生理需求和安全需求,也就是在基本温饱阶段。而设计的出现,则打破了这种供需满足状态,因为设计关注用户、关注人,让人的情感和体验得到重视,需求上升到社会需求、尊重需求、自我实现需求的满足。设计改变了人类的需求层次,进入小康,甚至

富裕阶段。

人工智能时代开启后,各行各业都开始插上智能的翅膀,家居变成智能家居、交通变成智能交通、教育变成智能教育、医疗变成智能医疗……人工智能,需要先人工后智能,人工智能里含有大量人的经验,这些经验里就有人的情感和人对设计的理解。前些年我们设计的人工智能做的可能都是产品功能,客户的诉求是想要一个功能强大的产品,但是显然,今天消费者买的已经不再是功能,而是兴趣了。

我经常说,"兴趣""情感""自我"现在是决定产品能不能成为爆款的先决条件。300年前的工业时代解决的是功能问题,而今天进入了信息时代,进入了智能时代,甚至进入了元宇宙时代,人们更加注重兴趣、情感、自我。所以,从马斯洛的需求层次理论出发,我们看到使用功能、生理需求、安全需求变成了标配,这不是说使用功能不再重要,而是功能变成了标配,社交、尊重、自我实现等需求变成了顶配。

就拿智能机器人来说,我们到底需要一款什么样的机器人呢?除了像是倒水、扫地、播报天气这样基本的服务以外,我们还需要什么样的服务?

未来的机器人是不是也可以像小猫小狗那样,温顺黏人,在你的手心蹭来蹭去求抚摸?是不是也可以像电影《她》里的机器人女友一样,能知晓人类的情感,和人分享喜怒哀乐?是不是也可以在大型会议上,主动为人加水?

……

我觉得一个有灵魂的产品首先要有情感,只有用情感打动用户的产品才能称得上是好产品。好的设计师要与产品对话,赋予产品以灵魂,用心设计每一件超乎想象的产品,而不只是提供功能需求、设计毫无感情的工具,这是我一直以来的设计理念。

我记得曾经在一个工业展上,看到过一个机器人,它像人一样吐烟圈,那时我就在想,如果机器人能打嗝,能结巴一下,那就相当好玩了。

所以未来,我想做的机器人要像人一样有性格,它会突然不开心,躲在墙角,面壁思过,没电会打盹,会吃手指,甚至还会看电视,然后再把看过的内容告诉主人,我觉得这就是机器人的人格化。

第二:从艺术层面看,设计关注人的潮流与喜好,改变了人类的审美层次

长久以来,人们使用产品是为了其使用价值能得以利用,目的也是通过产品解决物理层面和物质层面的需求。但是设计不止于使用价值,设计师会关注美学、关注艺术、关注潮流趋势,所以设计会让人们对于产品的满足感更多元,更有精神属性,甚至通过产品传递审美意识与价值观念。

作为一个设计师,我特别关注美的意识构建、美的价值创造,我认为美是有商业价值的。尤其在当下,美创造的商业价值远超以往任何一个时代,"美商"成为继智商、情商之后新兴的重要竞争力。

美商不仅是设计师的创造力体现,也是企业家的必备素质,能体现国民消费力的升级,是整个国家发展潜力、市场驱动力的来源之一。

曾经风靡一时的猫王收音机，之所以能在市场上取得巨大的成功，就是因为它们拥有一种独特的能力——把大规模量产的工业化产品做得非常有艺术感。很多人购买猫王收音机，都是被它的颜值所打动，喜欢它体现出的那种复古怀旧的浪漫生活情调。

小米的透明电视，一经发布便赚取了大量的关注度。光线直接穿透电视屏幕，仿佛一眼透见了未来，影像宛若悬浮空中，恍惚间像置身于科幻世界，酷到很多人以为这样的产品可能只存在于科幻电影之中，让人怦然心动，产生购买欲望。

当设计审美提高以后，全民审美也自然会提高。

在中国，很多人都把审美问题看成是文化艺术界的事情，事实上，在当今的国际社会中，公民的审美素养已是一个国家、一个民族经济、文化甚至政治影响力的标志，更是在当今以及未来残酷的国际竞争中综合实力的基础，也就是所谓的软实力。

设计始于生产力，又不止于生产力，我想将这种能给人类带来情感、精神、自我实现上的满足和体验，以及能够提高全民审美，并将审美转化为艺术、商业价值的设计，称为"更高级的生产力"。

第六章
设计让万物互联

早在 1995 年，比尔·盖茨就曾预言过："人们可以佩戴一个电子饰针与房子相连，电子饰针会告诉房子，你是谁，你在哪，房子将根据这些信息尽量满足你的需求。当你沿着大厅走路时，前方的光会渐渐变强，身后的光会渐渐消失，音乐也会随着你一起移动。"

随着 5G 时代的到来，曾经的预言正一点点照进现实，我们也快速步入一个万物互联的时代。

清晨，闹钟一响，屋内电动窗帘缓缓拉开一半，灯光半亮，空调自动关闭；出门前，你对着智能音箱说一声，所有电器就能自动断电，安防系统也会开启。

下班后，用指纹解锁智能门，客厅灯光自动调节至暖黄色，让劳累了一天的身体处在最舒适的环境里。

朋友来访时，客厅灯光调节至氛围模式，绚丽多彩的环境让朋友在家也能嗨翻天。

如偶尔遇上周末加班，书房的暖色调灯光会变得明亮，让你如同置身办公室一般为你营造能专心工作的环境……

这就是万物互联时代下我们的生活。

互联网大数据时代下，井喷的新技术和产品造就了新的市场生态，刺激了消费者消费行为和消费需求的新型蜕变。如今年轻人在乎的不是经典，而是时效性、设计感，他们偏爱设计的"调性"，最时尚、最个性、最新潮的设计，才是他们的首要选择。

所以这个时代早已不再是品牌为王，而是设计为王。

例如，猫爪杯出现后，在朋友圈、抖音、微博上疯狂传播，吸引年轻人转发和"种草"，也满足了人们在消费升级时代的需求。消费者买单的第一要素就是喜不喜欢，他们并不在意价格高低、好不好用、好不好盛水、好不好清洗。猫爪杯的灵感来自猫在水里捞东西的场景。这种品类的杯子前所未有，十分新奇，因此广受追捧。

我们经历了农业时代、工业时代和信息互联网时代，未来，我们还将进入一个万物互联的时代。

信息互联网时代正在解决的一个非常重要的问题，就是连接数据和人工智能，并将工作、生活连接在一起。而万物互联时代则是人和万物开始连接的一种生活方式，这种新的生活方式的出现也让消费者不断地改变他们的消费观。

未来，你可能将不再需要借助手机这个第三方工具，就能直接跟家里的床连接，床能告知你的睡眠质量、翻身次数、排汗情况；你也能直接跟马桶连接，马桶可以直接告诉你的尿酸指数；你能直接跟你的鞋连接，鞋将告诉你走了多少步；你还能直接跟你的水杯连接，杯子会记录你今天喝了多少杯水……

物和物也可以互联，想象这样一个场景：你进门那一刻，空气净化器就会实时检测空气质量并适时开启，门会告诉浴缸你可能三分钟后会洗澡，而浴缸会告诉你的床升高温度，床会告诉你的窗帘该拉上了……

所有的物品都可以相互告知，物和物也可以有语言。未来每一个产品都会说话，能交流，有数据，从关注功能到关注场景、服务、体验。这种万物互联的生活方式让人们的生活变得更便捷、更舒适、更美好，所以人们愿意为这样的东西买单。

万物互联的核心是万物有灵，每一个东西都有灵魂和思想，甚至各个事物之间都可以交流，万物互联需要灵感、创意和想象力，而这一切，都可以通过设计去实现。

在本章中，我们就从产业互联和服务互联两个方面，来看一下设计是如何让万物互联，让这个世界变得更加美好的。

产业互联

产业互联网是一种新形成的互联网生态和形态，它基于互联网技术和生态，对各个垂直产业的产业链和内部的价值链进行重塑和改造。产业互联网是一种新的经济形态，它利用信息技术与互联网平台，充分发挥互联网在生产要素配置中的优化和集成作用，实现互联网与传统产业的深度融合，将互联网的创新应用成果深化于社会各个领域中。

产业互联网的核心逻辑是创造能力的巨大提升。如果只是效率提升，而创造力没有提升，那就不是产业互联网，只能算是连接产业的上下游。

产业互联网是下一个十年绝对不能错过的大势。

从消费互联网到工业互联网再到产业互联网，产业互联有没有可能以设计为驱动？设计在产业互联中扮演什么角色？

如果说"需求侧"（消费互联网）是以流量为核心，"供给侧"（工业互联网）是以效率为核心，我认为两者之间应该还有一个"创造侧"，由创意、创造所驱动。我们正站在产业变革的交汇处，设计作为"创造侧"，可以连通"需求侧"和"供给侧"。如何通过数字化和智能化构建全新的想象力，是每一个设计师需要思考的命题。

2020年我们开始跳出设计服务，进入产业，在第一浪洛可可（整合创新设计公司）、第二浪洛客（共享设计平台）、第三浪水母智能（智能设计平台）前三浪的基础下开始摸索"第四浪"产业互联业务。

产业互联是洛可可集团旗下专注于用"产品创新＋数字科技"驱动的产业创新产品生态团队。产业互联的业务模式，简单来说，就是将创新设计做成链接消费互联网和工业互联网的"中间件"，发挥设计连通产业上下游（企业和设计师）的天然作用，并在这个基础上将创造侧发展为产业互联网，形成新的平台逻辑。

具体操作上，我们主要完成了以数字科技推动传统垂直产业的数字化转型，并通过创新设计赋能产业，为企业提供产品设计、模式规划、研发交付、产品运营等覆盖产品全生命周期的服务，从而提升产业配套服务效果和产品投入市场的效率，为用户甄选好产品，设计研发创新产品。

目前在国内的布局有：宁夏贺兰山东麓葡萄酒产业、宁夏文旅产业，形成宁夏贺兰山东麓葡萄酒产业数字化服务平台和陶瓷产业互联的整合型创新平台。

这一节，我将以宁夏贺兰山东麓葡萄酒产业数字化服务为例，来具体介绍一下我们在产业互联时代，如何探索走出一条属于自己的路。

【案例】宁夏贺兰山东麓葡萄酒产业数字化服务平台

在产业互联和新消费升级背景下，酒店服务业态升级和新消费体验已经悄然展开。从有限客房服务升级为无限产品增值服务，从单一功能场景到多元体验场景，从售卖住宿时间升级为售卖美好生活方式，是传统酒店转型升级的重要过程。

在产业互联的大背景下，酒店零售场景要和优质的产业结合，就应该打通中间的供应环节，让供应链直接为酒店用户提供服务。洛可可与银川市人民政府合作打造的宁夏贺兰山东麓葡萄酒产业数字化服务平台，全面整合了宁夏贺兰山东麓精品葡萄酒产品和最优质的供应链，通过数字化模式和商业运营，直接为酒店提供葡萄酒相关的产品和定制服务，开启了全新的终端销售模式。

数字化赋能贺兰山东麓葡萄酒产区平台，正致力于用科技和创新设计赋能酒庄和用户，基于精准的用户洞察，愉悦的体验设计和智能化的解决方案，推动中国葡萄酒产业的数字化进程。数字化赋能贺兰山东麓葡萄酒产区平台"颜选好葡萄酒"，让葡萄酒成为中国消费者美好生活的标配。

过去的设计是一座孤岛，用户和企业、设计师、设计公司都无法连接，产品出来之后，用户才能参与测试，参与吐槽。而在产业互联时代，设计可以是一个互联平台，把全球的设计师、供应链、用户都聚集到一起。从用户的角度吐槽产品，从设计师的角度给予灵感，从生产者和供应链的角度给出生产解决方案，形成一个众创生态，让真正使用产品的人、制造产品的人和给产品提供创意的人，都进入平台。其中"9号颜酒所"就是一个我们通过数字化模式和商业运营，互联用户与工业链，全面整合宁夏贺兰山东麓精品葡萄酒产品和最优质供应链的平台，用科技和创新设计赋能酒庄和用户，基于用户洞察、体验设计和智能化解决方案，推动中国葡萄酒产业数字化进程。

图 6.1　数字化赋能贺兰山东麓葡萄酒产区

同时，我们通过"9号颜酒所"实践自身的产品创新能力，推动产业发展，打造出超级产品"九号星球"葡萄酒。设计师创新设计出 mini 酒酿造保鲜罐，让每一罐葡萄酒都包含 300 粒葡萄，低温手摘保鲜酿造，自然微触压榨果汁。事实证明，罐装葡萄酒更加符合年轻人消费场景，体积小、便携，无论是聚会还是出游，相比瓶装红酒而言，罐装葡萄酒无疑是一种更好的选择。

图 6.2 "9号颜酒所"亮相"第十届中国饭店文化节"

图 6.3 九号星球葡萄酒

除此之外，我们还致力于去深度打造具有标杆性的酒庄——洛可可珊瑚元酒庄，以红酒为起点，逐渐辐射到农业、工业甚至服务业，全面打通政府层、企业层、产品创新层，用数字化、智能化、创造力构建一个全新的红酒生态。同时洛可可创新设计联合一号机科技公司共同打造精品葡萄酒品牌PORU（天宝露），通过产业互联，将中国的"葡萄美酒夜光杯"的酒文化传播到世界。

第二节

服务互联

消费升级的背景下,产品的差异性越来越小,用户增值体验便成了企业打造产品时必须思考的维度。那么如何升级用户体验呢?

服务互联必不可少。

服务互联也就是多领域交融,让我们生活中的各项内容无缝衔接,以洛可可用户体验设计(UED)团队服务过的某大型银行为例,当银行遇到线下网点客流不够、自身缺乏吸引力、缺少良好的服务体验流程等问题时,洛可可 UED 团队将运营模式及线下的布置进行梳理和改变,为客户做了"全渠道"的优化。"妈妈钱包"是洛可可 UED 团队曾经服务的客户,洛可可通过设计将很多家庭的互动场景融入 app 中,使得原本枯燥的理财变得有了"温度","很多人的第一桶金都会给妈妈,那么理财的第一桶金也可以分享给妈妈"的概念,也正是"情感化"的体现。

一个产品好不好,最终一定会落实到用户体验上,它决定了用户买不买账,能不能够跟产品建立长久的关系。一切成功的设计,一定是给用户创造了好的体验。而好的体验,主要来自用户的视觉、听觉、触觉、嗅觉、味觉，也就是我们常说的"用户五感"，通过设计让服务互联。

视觉

视觉是一种非常重要的感觉，人类80%~90%的信息都来源于视觉。因此我们可以通过产品的色彩、形状向用户传递相应的情感和信息。通过视觉的刺激，带给用户良好的视觉体验，从而激发用户的好奇心，激发用户的消费行为。

听觉

听觉是我们日常生活中重要的交流渠道，它能够增强人们在感知环境时的参与感和安全感。商铺里的背景音乐选择正是基于消费者的这一心理，例如，慢节奏的背景音乐会使消费者在店内停留的时间比较长，促成较高的购买率。

触觉

触觉是用户接触产品时的直接感受，它能够加深用户对产品的认知，例如星巴克的杯套、罗技的鼠标、苹果的手机……触觉体验更加细腻和真实，很容易给人留下"一触难忘"的感受。

嗅觉

嗅觉可以有效调动用户的记忆情感，增强用户的联想，让用户在脑海中形成关于产品的某种特殊记忆。古人云：入芝兰之室，久而不闻其香；入鲍鱼之肆，久而不闻其臭。嗅觉是一种远感，正是距离让这种感知有了空间感。

味觉

味觉是人体验美好生活的重要感觉之一，吃到好吃的东西，总是会让人感到心情十分愉悦。在产品打造过程中，味觉可以和视觉联动，调动人的双重记忆。

在人类历史发展的长河中，五感是人们最早认识和感知世界的方式，直到今天，我们对世界做出的许多体验回应也依然以此为基础。日本知名设计大师原研哉在《设计中的设计》一书中也写道："了解人的感觉及感受形式，然后利用设计让受众得到并了解讯息，是二十一世纪设计发展的新方向。"

作为一个设计公司，洛可可每天都在做各种各样的项目，做各种各样的体验。很多客户问我，你们是怎么做到从设计飞机等航天设备这样的庞然大物，到设计纸巾、指甲刀那么小的东西的？我的回答是：其实我们每天只研究一个事情，那就是人的体验。我们研究小孩儿的体验，研究老人的体验，研究"80后""90后"的体验，研究 Z 世代的体验……我们设计的就是体验。

但是在服务互联时代，设计要想吸引更多的用户，让用户产生信赖，只有体验是不够的，还要有服务。

关于体验和服务，我很认同茶山在他的《服务设计微日记》中说的一段话："以残疾人专用车为例，残疾人独自外出时车子给残疾人带来的安全感和舒适感等就属于用户体验的范畴；而服务设计除了要考虑以上要素以外，还要考虑残疾人的出行目的、生活环境、收入状况、医疗补助和社会福利等无形的系统要素，并通过改善组织和系统，来综合提升残疾人的幸福感。简单而言，用户体验强调的是感受，而服务设计的最高境界则强调的是'幸福感'。"

体验有情，服务无界。

在服务设计的概念里，产品可以是有形的，也可以是无形的，甚至与用户发生交互的每个环节都是产品的一部分。服务设计关注的不仅是产品本身，还需要将关注点扩展到与用户发生交互的各个触点（touch-point）上，让用户体验的范畴从"产品"扩展到"以产品为中心的整个服务过程"。

换句话说，服务设计不是在设计一个单一的产品，而是在创造一种场景。

【案例】慕思·V6 消费零售空间体验设计

在数字化时代，床已经不是你昔日所熟悉的床。

曾经的床主要功能是睡觉，今天的床则分为睡前、睡中、睡后多种场景，致力于如何让你睡好觉。

睡前场景中，大家会刷抖音、听音乐、追剧，此时半躺着

6.4 慕思·V6 消费零售空间体验设计

的姿势最舒服；睡后，我们需要监测体重特征、打鼾情况、翻身次数、深度睡眠时间，等等。

早在 2017 年，洛可可就与高端寝具品牌慕思旗下的时尚品牌 V6 达成合作，为其提供以睡眠场景为核心的整合创新体验解决方案。

洛可可设计团队尝试在场景体验中改变传统的铺货逻辑，快速提升坪效，利用年轻化的风格主题，吸引目标群体进店，并借助智能技术和语音交互帮助顾客在关键历程点中实现情感化体验。在触点的构建中加强了趣味型、分享型和体验型内容模块，大幅度延长了用户在店内的停留时间，有效促进销售转化。

设计师以用户需求为核心，从产品和体验双向着手，解决用户痛点，将寝居产品 IP 化，探讨人、物、场的关系，思考在卧室空间中如何社交、如何娱乐，同时将人工智能应用到健康睡眠系统，建立居室生态场景链接，打造睡眠体验上的新物种，从而更好地实现"让人们睡得更好"的使命。

洛可可设计团队为慕思·V6 打造的全场景睡眠体验，是服务设计中的经典案例，它从不同维度重新诠释了寝居不仅为用户带来了全新的睡眠体验，也使人从中获得了愉悦感、满足感和幸福感。

服务设计，拓宽了用户体验的增值链条，通过整合设计，让用户不仅可以通过产业互联选择丰富的用品种类，还可以提供产品前中后不同阶段的不同使用场景，在整个周期内实现更加有层次的体验感。

在今天，互联网产品已经成为直接接触用户并传递服务的媒介，"设计即服务"的趋势越发明显，这也是与传统服务业最大的区别：传统服务业可以通过专业服务人员，进行服务产品的推介、引导、提供、支持等，而互联网产品只能依靠自己与用户间的单一触点，所以即使产品非常优秀，如果没有引入服务设计，就会导致思虑不周，用户也难以形成良好的体验感受，也难以形成对品牌的依赖感。

万物互联的核心是大数据和人工智能。

万物互联时代，我们的设计资源，不仅是一支笔、一张纸，还可以是一个个数据。设计师可以通过数据来推测和模拟用户从思维到行为的习惯，挖掘出更多深层次满足人类需求价值的着手点。

万物互联时代，客户不会直接告诉设计师自己的构想是什么，甚至都没有弄清楚问题出在哪，就带着一个提升某指标的诉求或一堆零散的原始用户反馈，来寻找设计师帮企业解决问题。如何引导对方发现问题，分析问题，总结机会点，输出可以达到商业目标的可行性设计解决方案，都需要设计师自己来思考和负责。

万物互联时代，设计师也迎来新的挑战和机遇。如何对用户数据进行再设计跟进，如何针对产品、体验、品牌、商业模式、服务不同触点的场景再设计，如何重构设计路径，是未来设计师需要思考的重点。

第七章

设计让世界充满爱

不知你们有没有思考过，到底什么样的设计才是最打动人心的？

漂亮的？

新潮的？

独一无二的？

我认为都不是，或者不全是。

真正能打动人心的设计，应该是有爱和温度的，是有着悲天悯人的普世情怀的。

好看、新潮、独一无二的设计，也许能在第一时间抓住用户的眼球，可是一旦新鲜感退去，大多数都会被遗忘在角落里。反观那些带有爱和温度的设计，它们能用自身的美好和价值惠及更多的人，进而创造出更大的社会价值，在时代的洪流中占有一席之地，甚至成为永恒的经典。

设计是一种大爱，是一种普惠众生的大爱，它并非冰冷的工业时代的产物，而是源于人类对这个世界最真切的博爱与无尽的人文关怀。

举两个例子，一位设计师在自己患有阿尔茨海默病的外婆病逝后，怀着愧疚的心情，想利用自己的专业为和外婆一样患病的老人做些什么。她做了大量研究，到养老机构里当义工，和老人们聊天，发现失智老人也有喜怒哀乐，也需要尊严，他们在无法握稳汤勺、水杯，打翻食物时，便会生自己的气。了解了这些之后，她设计出了一款无障碍餐具，红黄蓝的配色、弯曲的勺柄、倾斜的碗底、环状的水杯把手、装有橡胶的杯底……这些看似不起眼的设计，却是失智老人的另一双手，能让老人多吃24%的食物。

还有一名来自华东理工大学设计专业的学生，在与自闭症儿童接触后，逐渐认识到对于这类儿童来说，很难理解市面上那些复杂玩具的规则，他们更喜欢做一些简单重复的事情。于是他遵照自闭症儿童治疗方法的步骤，针对五岁以前的自闭症儿童设计出了一款特定的玩具，该款玩具采用了自闭症儿童易于接受的冷色系和抽象的形状，规则简单，但是能很好地促进孩子的学习能力和肌肉成长。

　　从这些案例中不难发现，今天的设计，早已不再是一种单纯的创意行为了，它更多地变成了一种社会化行为，伴随着人类从新生到往生，致力于解决一些深层次的社会问题，去帮助老人、孩子、病患、残疾人……针对弱势群体，针对有不同需求的人群，针对他们所面临的困难，设计出各种有爱、充满同理心和包容性的产品，让更多的人群享受到设计的便利，我认为这就是设计最大的意义。

　　歌曲里唱道"只要人人都献出一点爱，世界将变成美好的人间"，那么站在一名设计师的角度上，我希望我们能看到更多人群的痛点需求，献出更多有爱的设计，让世界变得更美好。

　　我一直认为设计有三个价值：第一个是设计本身的价值，它强调的是这个设计是不是新颖的、实用的；第二个是商业价值，侧重的是市场反馈，能不能创造出更多的收益；第三个是社会价值，而社会价值的缔造需要站在更宏观的视角。我认为需要投入两心，第一是同理心，第二是慈悲心。同理心是主位视角，把自己融入用户群体中感同身受，才能成为"鱼"亦知"鱼之乐"；慈悲心是客位视角，把自己从人群中抽离出来，站在"上帝视角"看众生困苦，并求以解惑。兼具两心设计出来的产品是具有能量传递的产品，才能让爱充满世界，让真善美充满世界。前两点价值我们已经在前面的章节中提到了，这一章我们就来看一看设计的另一个不容忽视的价值——社会价值。

设计的温度

设计辐射我们生活的各个角落，可能对于很多人来说，平均每天跟设计产品打交道的时间要远远多于跟人打交道的时间，比如你睡觉的床、叫你起床的闹钟、你刷牙的牙刷等卫浴用品、你穿的衣服、你出行的交通工具、你居住与工作的建筑、你吃饭的餐具……那试想如果这些设计只是冰冷的物品，以一副高高在上的姿态出现在人的生活里，会是什么样子呢？

之前看过一部法国电影，讲的是一家三口生活在一个看上去很摩登、很有设计感的院子里，座面狭窄的沙发、线条型的椅子靠背、蜿蜒曲折的石板路、机器轰鸣的自动化厨房和浴室……在电影里，设计发挥的更多是装饰作用，以及被房屋主人用来向邻居炫耀的作用，它们反而需要人调整节奏和习惯去适应，根本谈不上为人服务，所以闹出了很多滑稽、笨拙的笑话。这样的设计看似高大上，却妨碍了人与人之间的沟通，没有丝毫的烟火气，让人体会不到生活的乐趣。如果让我住在这样的房子里，我想我一定不会觉得快乐和幸福。

虽然电影有夸张的成分在，而且现代的设计越来越尊重人的生活习惯，人与设计的相处也越来越自然和谐，但电影所表达的主题却为所有的设计行业从业者敲响了一记警钟，那就是设计必须要有温度。

相信很多人都对日本的设计赞不绝口，像是公交车上长短不一的扶手、火车上110°最佳靠背倾斜度的座椅、卫生间里的消声器和婴儿座椅、按照关节位置设计的创可贴、随处可见的盲文……这些设计让人发自内心地称赞，究其根本，就是因为它们足够人性化，足够贴心，足够包容，也足够有温度。而只有这样的设计，才能唤起人们对生活的热爱，才能提升人的幸福指数。

我一直觉得，设计是理性和感性相结合的产物，它既需要理性的骨架血肉做支撑，又需要感性的思想填充其灵魂。

理性是科学、是功能、是技术，感性则是爱、是情怀、是温度、是人性化、是共情能力。我认为情怀和温度是永恒的创造力，关照到所有群体的需求痛点，不论是身体上的还是精神上的。为人们提供温暖、关怀、陪伴、治愈是我们的设计要践行的最终目标。

【案例1】M-BTF 魔力蝶情绪调节器

在内卷越来越严重的今天，都市人群长期面临着各种各样的压力，脆弱、敏感、焦虑、精神萎靡等不良情绪也正严重影响着我们的正常工作与生活，因此，我们极度需要释放和舒缓。

在医疗行业，微电流理疗仪可以通过电流对头部神经的刺激，缓解头痛等症状，甚至能通过电流刺激不同的部位，改变人们的心情。洛可可设计团队在进行市场分析、研讨产品的可行性以及选择材料之后，设计出了国内首款用于调节情绪、缓解压力的智能穿戴设备——M-BTF魔力蝶情绪调节器。设计师创新性地采用最新智能科技领域的成果，通过精准控制微电流产生的对人体安全无害的电脉冲，使其作用于人脑不同部位，从而达到调节情绪的效果，实现使人兴奋、平静和缓解疼痛三大功能。造型上采用圆润、简洁、对称的设计，佩戴时不会显得突兀。设计师还在正面设计了呼吸灯，不仅增加了产品的识别度和易用度，还能在不同的模式与不同的电量下，直观地显示出产品的工作状态。这款情绪调节器操作方便、简单易懂、连接手机app就可智能一键操控，只需短

图7.1 M-BTF魔力蝶情绪调节器

短 10~20 分钟的时间，就可以有效缓解人的情绪压力。

洛可可设计团队在客户现有的技术基础上从用户角度出发，利用设计的魅力开创了新的减压方式，彰显出对人的关怀，最终凭借充满爱和温度的创意荣获了 2017 年的 IF 大奖。

【案例 2】安科手术导航仪

没有导航软件，要去一个陌生的地方可能就十分困难，人们的出行离不开导航系统，它让生活更方便快捷。而人体就好似路况复杂的城市，到处都是重要的神经与血管，为了让手术更安全、精准、高效，手术导航系统应运而生。

手术导航系统的发展顺应了时代潮流，借助它，医生可进行高精度的复杂手术操作，其潜在的能量不言而喻。因此，诸多的医疗器械公司在该领域里推陈出新。

洛可可设计团队协助安科以产品升级迭代为重点，设计了一款全新的产品，塑造了全新的品牌视觉感受，与传统的产品形成了明显差异。

设计团队深入了解分析手术室空间场景的复杂性和多样性，从产品使用流程的角度进行深度研究，针对主刀医生及辅助医生的站位和人机操作舒适度进行操作逻辑梳理，充分了解客户现有供应商生产落地能力及资源，在现有生产条件可控的基础上，给予客户最有温度的产品、最优的解决方案，提升产品的可落地性。

伴随着科学技术的迅猛发展及生活水平的逐步提高，越来越多的医院逐渐看重医务人员和患者的体验感，随之衍生出医

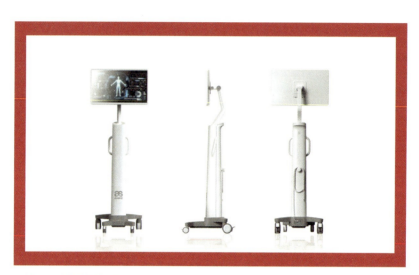

图 7.2　安科手术导航仪

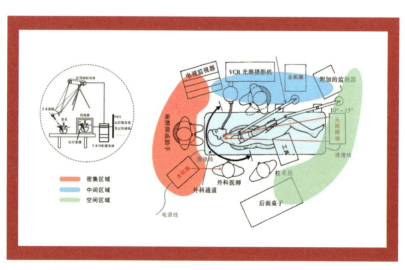

图 7.3　手术室空间场景模拟图

疗产品迭代升级。医疗产品的特殊性决定了外观设计不只要考量美观，更需要解决使用过程中的问题，好的医疗产品外观设计必须完美平衡这两个要点，从而激发医疗设备更大的工作效能，让刻板印象中冰冷的器械，通过设计，展现出它原本就具备的关怀与温度。

老人和孩子是我们社会上相对较弱势的群体，一个社会的温度，主要体现在对于弱势群体，如老人、孩子、残障人士的关注上。作为设计师，秉承服务全人类的初心，给弱势群体带来温度，也是我们的社会责任。

【案例3】英瑞麟代步车 RELYNC R1

我妈妈身体很不好，颈椎、腰椎、胸椎都曾经做过手术，我们家离商场只有一公里，但就是这一公里对于我妈妈来说都是相当困难。

在中国，年轻人的出行解决方案特别多，有共享单车、出租车、平衡车，可是老年人开车很困难，踏板车又不敢坐，骑自行车更加不现实，他们的出行方式可能就只有步行或者乘公交车。每天看到我妈妈弯着腰推着一个小车步履艰难地行走，我都觉得十分难过，也在感慨老年人的出行真的是社会上的一个大问题。

于是我和我的设计团队开始研究老年市场，我们发现西方的老年市场已经做得十分完善了，尤其是像意大利、日本等老年人口较多的国家，老年人的出行方式既广泛又新潮，后来我

图 7.4 英瑞麟代步车 RELYNC R1 使用场景

图 7.5 英瑞麟代步车 RELYNC R1

们瞄准海外市场，用了四年的时间，设计出了这款老年代步车。只需3秒即可将其由拉杆箱伸展为代步车，随处存放，随时使用，可以带上飞机、火车、公共汽车、游轮，带进商场、高尔夫球场、酒店、博物馆……可以说是老年人度假、短距离出行的理想伙伴，这款代步车获得了美国CES大奖，卖到了几十个欧洲国家。我妈妈最终也用上了这款代步车，看见她终于不用再推着以前那个小破车出门，我心里终于松了一口气。同时，我也希望这款代步车能打开中国市场，让更多像我妈妈一样的老年人的出行更有范儿、更漂亮、更体面。

【案例4】55度杯

55度杯是我为我女儿设计的产品，这个案例想必很多人早就已经熟悉了。

多年前的一个周六下午，我女儿想喝水，我父亲就倒了一杯刚烧开的水放到了桌子中间，没想到女儿扯到了杯子上的挂绳，100度的开水瞬间泼到了女儿的脸和胸口上。我抱着女儿去医院，医生说我的女儿被烫得太厉害了，需要在医院接受15天左右的治疗。当我到了儿童烫伤的住院病房的时候，我看到了很多被烫伤的孩子，甚至很多孩子被烫得比我家孩子还要严重。

孩子被烫伤，让我极度自责，作为一个父亲，作为一个设计师，我每天设计那么多的产品，却还是保护不了自己的孩子。但当我在医院看到那么多烫伤情况更严重的孩子的时候，我的内心产生了一个比同理心、自责心更重要的慈悲心。我的内心萌发了一个想法——让天下的孩子在喝水时都不被热水烫伤。

我开始查找有没有降温的杯子，这时我才发现，几千年来只有喝水杯，还有这几十年发明的保温杯。我们中国人十分爱喝热茶、热汤、热水，却没有发明过一个

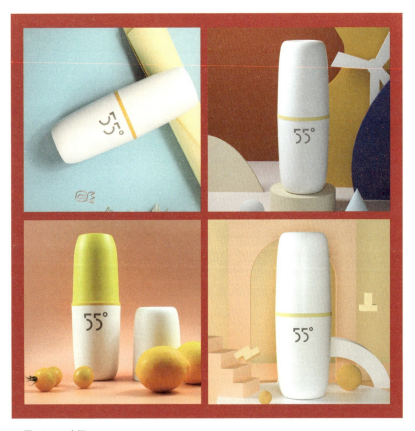

图7.6　55度杯

能降温的杯子。于是我就开始创造这个杯子，我用了三个月的时间组织了我的设计师、工程师，乃至一些用户一起来构建这个杯子。最后，我做出了 55 度杯，把 100 度的热水倒进去，摇十下或者静置一分钟就能把水从 100 度降到 55 度。

这款杯子在当年的销售额近 50 亿元，是什么让这个杯子广受追捧成了当年的绝对爆款呢？其实就是我们站在了用户视角，用同理心和慈悲心去做有温度的产品。

55 度在我看来就是父爱的温度，是设计的温度。

"做一个有温度的设计师"，是我经常跟设计师团队讲的一句话，在这里也想与所有的读者共勉。不管你是设计专业的学生，还是初入职场的小白，又或者是有很多年经验的设计老手，都希望你不要忘记，设计要以人为本，服务于人。这不是一句空洞的口号，而是对人的心理、思想、行为、愿望的关注。虽然在今天，我们说了太多次用户视角，也在一点一点践行着，但这仍然是不够的，无论是基础服务设施，还是普通的生活用品，要想让设计真正做到普世的关怀，仍然还有很长的一段路要走。

设计为健康护航

健康是现代民众关注的焦点,尤其是在疫情反反复复的今天,人们越来越关注健康生活理念,并将其深入贯彻到各个生活细节中去,以此来追求更加高质量的生活。在医疗大健康行业,每年都有无数全新的产品或概念问世,科技的发展推动着医疗领域的变革,医疗类产品保障着人民的生命安全,在公众生活中扮演着越来越重要的角色。

说到医疗类相关的设计,可能很多人觉得医疗相关的设计是一项冷门科目,与我们的生活也相距甚远。但其实一直都有一群设计师,在努力通过产品设计来帮助和温暖身患疾病的人,他们的设计,既是可以事半功倍的高科技产品,也是有爱有趣、充满同理心和包容性的产品。

专业和暖心是医疗市场永远不变的诉求,能够做到这两点的产品,需要细节的打磨以及真正沉下心来的理解和感受。设计最终服务的不是经销商和运营商,而是一个个具体的人,只有坚持以人为本,了解人的需求,才能设计出好的产品。

【案例1】达影乳腺癌检测设备

女性的健康,也是我们近几年尤其关注的领域。据中国抗癌协会公布的统计数据显示,近年来乳腺癌发病率正以每年3%的速度递增,成为威胁女性健康的一大恶性疾病,且发病年龄越来越呈现出年轻化的趋势。

2018年达影科技找到洛可可,希望将自己的乳腺癌筛查技术应用于乳腺癌检测设备,降低医生的阅片难度,提高疾病诊断的准确性。在深入了解达影的需求后,洛可可迅速组建专项设计团队,与达影一同去医院现场进行用户策略体验分析,并使用切片分析法研究操作医生、设备与病人三者之间的关系,最终促成达影乳腺癌

图 7.7　达影乳腺癌检测设备

检测设备拿到二类医疗器械资质成功上市。不同于市面上用 2D 图片进行乳腺检测的设备，设计师采用球管的转动对乳腺进行切片式摄影，最终得到完整的乳腺 3D 影像，能更加迅速与精确地确定乳腺癌病灶位置，大大减少了诊断与确诊时间。外观设计上，设计师将设备所有面都做圆润化处理，如肌肤般光滑，可有效消除患者使用过程中的焦虑感和恐惧感。这一点与市场中的竞品形成了较大的差异性，产品最终荣获了 2019 年德国红点设计大奖。

如今，达影乳腺癌检测设备已成为保卫女性健康的一道防线。在为越来越多女性提供良好检测体验的同时，也成功让女性做到早检测、早发现、早治疗，最大限度去规避乳腺癌对女性身体造成的危害。

【案例 2】萝卜医生智能听诊器

对于有娃家庭来说，没有什么比孩子突然生病更令人手足无措的了，身为一位父亲，我对此的感受尤为强烈。

发着高烧的孩子，在仓促赶赴医院的父亲怀中咳嗽着，头发沾在前额的母亲，在挂号处与分诊台之间来回穿梭。孩子每一声啼哭都让我的心为之一痛，医生言语中的每一次停顿都让我的神经为之一绷。虽然最后不过是虚惊一场，但我仍一夜未眠。

相信这样的场景不是只有我一个人经历过。因为抵抗力弱、器官发育不成熟等原因，相较于成年人，孩子生病的确更令人揪心，再加上家长们的医疗知识有限，这时候一款能够帮助家长第一时间精准判断孩子病情,能提供数据建议家长是立刻就医还是稍作观察的产品就显得至关重要了。萝卜医生智能听诊器正是在这样的市场需求下诞生的。

作为一款针对儿童的智能听诊器,萝

图 7.8 萝卜医生智能听诊器

卜医生可以在无线网络环境下实时上传病况数据，让父母能够随时关注儿童肺部健康，并通过互联网迅速得到诊疗结果。在现在疫情尚未结束的情况下，减少去医院的频率还能有效规避交叉感染，进一步降低风险。

萝卜医生不仅斩获了红点大奖和红星奖等设计奖项，更是赢得了巨大的市场关注度，走进了万千家庭。当你不知道孩子是否需要马上就医时，萝卜医生会告诉你是必须马上去医院还是可以先睡一个安稳觉，这对于有孩子的家庭来说是莫大的安慰。

【案例 3】派若克斯双源大视野牙科 CBCT 系统

近年来，在老龄化、城市化不断发展的大背景下，人们开始越来越重视自身口腔问题。种植、正畸及牙体牙髓病诊断的需求日益升高，目前我国约有 8 万家私立口腔医疗诊所。

在市场的驱动下，口腔医疗不断发展，不少器械厂商也从"制造商"转型成为"解决方案提供商"，牙科数字化成了大众的共同需求。于是，清晰度高、辐射剂量低、操作简便的 CBCT 在口腔检查中的应用越来越广泛，已逐渐成为口腔科的主要影像手段。洛可可联合有方医疗团队设计的派若克斯双源大视野牙科 CBCT 系统，设身处地并全方位了解用户的使用感受，从用户体验和人文关怀的角度出发，坚持以人为本，始终以满足用户需求为目标，创新性地采用业内首创的开放式落地的结构设计和炫酷的跨代设计。

派若克斯双源大视野牙科 CBCT 系统兼顾科技感与舒适度的外观，跨代的顶部开放式无压迫设计，提升了患者拍摄时的舒适体验，落地式旋转支架最大程度节省了空间，稳定的坐式电动座椅设计解决了传统站式定位设计稳定性差的痛点，更利于儿童及老年患者拍摄，减少运动伪影，保证了照射的成功率。360°流畅无限制同

图 7.9　派若克斯双源大视野牙科 CBCT 系统

方向旋转的滑环数据传输，扫描后无须归位，减少患者80%的等待时间，独创的无线手闸即控即停，摆脱传统有线手闸的束缚，操作更安全、便利。

从研发到设计，医疗类产品的每一环都至关重要。多年来，洛可可设计团队一直致力于通过设计增强用户体验，使产品更加人性化，通过设计为产品赋能，推动未来尖端医学影像技术全线高性能、平民化。

第三节

设计助力社会公共服务

如果说艺术家惊世骇俗的创作是为了自我表达的话，那设计师的创作原则一定要包括"为社会服务"。社会是人与环境形成的关系的总和。"为社会服务"不能只是把对象放在用户和人上，而要更多地考虑人、环境以及人与环境的关系，需要关联个体之间、个体与集体中间、个体与公共组织之间的关系，并以共同利益、共同生活、长久维持为设计目标。

以社会需求为导向，快速响应社会发展中的新情况、新问题，顺应时代需求，增加社会服务能力，是设计的重要使命之一。

这一节，我们主要从"设计助农"和"设计战疫"这两大方向，来讲述设计如何为社会提供服务。

设计助农

农业是第一生产力，关乎全人类的生计。中国是一个农业大国，农业关乎国民经济。用设计与农业关联以促进农业生产与发展，既需关注人与自然环境的关系，也需关注经济与社会的关系。

"温室里小番茄们的'好日子'可谓尽享'智慧科技'的红利：温室全部采用自动化控制，对温度、光照、湿度、二氧化碳浓度等环境因子能够实现自动化监测、调控，茎叶粗细、果子大小有传感器实时传递信息，除了人工剪枝摘果，其他都由人工智能系统完成。"这便是一个全新的有别于传统农业的智能农业场景。

由人工智能指导农耕，帮助农民选择合适的水源、合适的肥料对农作物进行灌溉、施肥，保证农作物的用水量、施肥量，检测温度和湿度，以及周围环境的变化，提高了农作物的产量……类似这样的新闻，相信你一定经常见到。

过去，传统的农业生产主要是靠天吃饭，受自然环境因素影响较大，且种植技术的传播主要靠言传身教和实践积累，生产力水平相对低下，无法真正解决粮食问题。而如今，在物联网、大数据、人工智能等现代信息技术的助力下，诸如气象监测仪、农业云平台、现代农业智能大棚等各类人工智能产品投入应用，让农作物得以在最佳环境下生长，将环境因素对农作物的影响降到最低，降低了农业生产成本，提高了农业生产效率，农产品品质更是有了大幅的提升，为农业生产带来了更多便利。

科技的进步为农业发展提供了一片优渥的土壤，而设计则是一股水源，滋养着农业的生命。

【案例】阿里云智能养蜂系统

中国是全球比较大的产蜜国，但在市场上，很多人买到的可能是假蜂蜜，而洋品牌蜂蜜的价格是国产蜂蜜的几倍甚至几十倍。

全国一共有 81 个优良的蜂蜜产区，但是这些产区的生产方式是非常原始的。蜂农自己钉个木箱子，用拖拉机运到山上，在山上逐水草而居，逐花期而居，把蜜蜂放出来采蜜，采完了以后再去另一座山游走。由此可见，蜂农是非常辛苦的一个工种。因为蜂蜜没法人工合成，必须养殖蜜蜂来采蜜，但蜂蜜的采购价格并不高，所以蜂蜜的源头供给不断下滑。与其他农业产品类似，蜂蜜中间商的不透明度非常高，于是各种掺假售假现象屡见不鲜。我们设计师通过调研发现采蜜存在一个痛点：就是需要人去到偏僻、危险的地方放置蜂箱、采集蜂蜜，使得人工成本非常高，这个问题 2 000 年以来都没有解决。

因为我们已经做了很多智能无人送餐机、各式机器人，所以我们思考，能不能用现代的数字技术做一个智能无人蜂箱？这个蜂箱放到野外，它就能管理好蜜蜂，养蜂人可以远程实时查看设备的情况、蜜蜂的动态，以及蜂蜜的酿造情况。而消费者可以通过区块链的技术溯源看到真蜂蜜从蜜箱放下去到蜜蜂采蜜、酿蜜直至销售的全链路。

智能蜂箱需要有哪些功能呢？首先它要有 GPS 定位，能实时查看蜂箱有没有被移动过，确保安全；其次，它要能知道每天蜜蜂进出多少次，采集了多少蜂蜜，是否有害虫入侵，以及温湿度变化等。

智能蜂箱研发出来以后，通过我们几轮的迭代，把成本相应地降了下来。智能蜂箱可以说是我们做的第一个产业互联项目的尝试。从传统蜂箱到智能蜂箱的升级，至少能为每位蜂农扩大 10 倍产能，也让消费者能够买到放心蜂蜜，重新定义了蜂蜜的供需两端。

不论时代怎么发展变化，农业始终是国之根本，是我们赖以生存的最重要的物质基础，而农村作为农业的载体，更是国家成长兴业的基石。

近年来，在乡村振兴的伟大号召下，我国农村发生了翻天覆地的变化，在医疗、教育、文旅、人才返乡以及农村经济发展道路探索上取得了可喜成绩。在这样的大环境下，各行各业都在做出积极响应，"设计下乡"，成了一项顺应时势的重要任务。

越来越多的设计将创意之笔对准乡村，让原本相对落后的农村慢慢追赶上了现代化建设的步伐。一个原本只能卖一两元的葫芦，摇身一变，单价可达一两百元；昔日生长在田间地头的野草艾蒿，通过升级包装盒数字化营销，变成了帮助农民增收致富的"金枝玉叶"；原本无人观赏只能任其凋零的鲜花，规模化发展后为当地农户带来每年约 400 万元的额外收入；没落传统的竹家具，加入创意技术，焕发生机，从偏远乡村走出来……

这就是设计的力量、创意的力量。

我们设计集团旗下的洛客自 2017 年落户江西以来，通过创新设计在当地累计打造了 3 600 多款产品，涉及工业产品、食品快消、文旅项目等多个领域，为 400 多家江西本地企业提供了服务。截至 2020 年共对口扶持 24 个国家级贫困县和 1 个省级贫困县，大大减轻了贫困县企业在工业设计方面的负担，加快了扶贫产业发展的步伐，带动更多贫困群众走上了脱贫致富之路。

设计颠覆产品，引领产业创新，助力农业发展，振兴乡村建设，是一件值得自豪的事。作为一名设计师兼一家设计公司的经营者，我相信在不久的将来，一定可以在中国的农田里看到农业无人机、智能种植技术的普及应用，看到更多的农村通过设计调动内生动力，找到自身的发展优势，见证中国从农业大国到农业强国的转变，见证中国乡村振兴的伟大奇迹。

设计战疫

2020年初，一场突如其来的疫情对我们每个人的生活都产生了深刻的影响，民众的生命安全遭受威胁，企业的生存面临考验，国家的经济发展遭遇阻碍，同时也引发无数思考：普通人思考着如何自我防范，医护人员思考疾病的治疗，政府思考解决各种社会问题，人类思考如何与自然共处……而设计师也在思考着如何通过设计为人类做出贡献。

"设计美好世界"是设计师应有的使命，面对此次疫情的冲击，设计师理应与国家、与各行各业站在一起，用设计师的力量抗击疫情。

【案例 1】百度 Apollo 无人车

自全民抗击疫情以来，以无人车为代表的智能无人设备不断亮相，这些无人设备被投放到抗疫前线，凭借其高效、智能的特点，有效避免了人际接触带来的病毒传播风险，为抗击疫情提供了很多实际的帮助。

在疫情防控的关键时期，中关村丰台区新兴产业基地的园区领导紧急部署了多项防护措施，全力保障园区内进驻的 56 家企业顺利实现复工复产，与科技企业携手智能战"疫"。为了打造无人化的多场景多用途体验，洛可可设计团队结合百度 Apollo 无人运载工具的技术优势，以及自身企业服务体验设计的经验，从全流程、

图 7.10　百度 Apollo 无人车

多角色的服务设计角度出发，综合考虑各个园区的实际情况，为封闭园区的无接触体验提供咨询及设计服务，最终让 Apollo 小巴高效完成了多项无人配送作业。

在最新的涂装设计上，洛可可设计师也本着以"科技与 AI（爱）"为核心理念进行针对性设计。在前轮部分，设计师在 Apollo 品牌 logo 上找到灵感，采用了包容的圆环元素。圆环由内而外扩散，强化了动力感，是科技智能的表达，也是爱的传递。侧身可以很好地体现整体画面的动势，由前轮中心斜向上 30°指向视觉中心点，空间指向打破平衡，展现速度、效率与科技智能的力量。"全民战疫，共克时艰"八个大字，凸显了这款设计产品的终极目标。此外，设计师还加入光标星点等具有科技感的元素，不仅传送着信息和资源，更是散发着爱与希望的光芒。

【案例 2】赛特智能医用配送机器人

疫情期间，广东一家医院的一款智能配送机器人在执行隔离区的配送任务时，被网友拍下来发到网上，一炮而红。

而这款机器人，正是由洛可可和广州赛特智能科技有限公司共同打造、向各大医院捐赠，用于支持一线的抗疫工作。目前新冠肺炎定点医院已有数十台这样的配送机器人。

设计师打破原有运输服务型机器人的设定，采用双开门式设计，最大化地减少开门时的空间占用问题，内部仓体可根据不同客户的需求去自定义。

四面环绕超声传感系统精准定位，前后指示灯设计更直观明朗，两侧环状灯光效果在提升产品科技属性的同时更能最大化地提升品牌的辨识度，操作台高度适用于不同使用人群，可实时调整人机操作角度，后部的隐藏式即停按键直观而不突兀，检修盖的位置方便后期维护及校准。

考虑到医院环境进出电梯口的情况，设计师在保证内部利用空间与堆放方式不变的基础上，将本次投入使用的机器人整机宽度修改为600mm。经过调试后，这款机器人可以自主识别读取地图和工作环境，建立信息库，自主规划路径并完成物资的点对点配送。在配送过程中，机器人能够自己开关门、搭乘电梯、避开障碍物、充电，并实现对各个病区的实时影像监控与互动，可以满足医护人员、病患、院方等多维度、

图7.11 赛特智能医用配送机器人

多场景的使用。

根据实际运行效果检测，每台配送机器人可替代三名配送员，有效减少医护人员进入隔离区的频次，降低交叉感染的风险，同时也能大大降低防护服等紧缺医疗物资的消耗以及医护人员穿戴防护服的时间成本。除了配送药物之外，还可以配送餐食和一些大件的器械包、输液袋等，甚至可以做生活垃圾、污物的回收。

身为设计师，在疫情中，我们有责任发挥自己的专业知识，思考当下的社会现实问题，造福社会和大众，让设计发挥更大的社会价值，成为危急发生时的坚实后盾，为人们提供暖心的关怀与陪伴，重建人们对美好生活的信心。

第八章

设计强国

"中国人为什么设计不出好的作品？"

一直以来，这都是困扰中国设计师的一个问题。

我记得第一次到德国领取红点大奖时的一个小插曲——一位外国设计师问我：

"你是日本人？"

"不是。"

"你是韩国人？"

"不是。"

"那你是哪里人？"

"我是中国人！"

当这个曾经只在小说和文学作品中出现的俗套故事，发生在我身上时，我作为设计师的自豪感油然而生。

中国人曾经拥有很高的审美能力和工艺水准，古代的宫廷院墙、亭台楼阁、羽扇纶巾、杯盘碗碟，无论哪一样都讲究极致之美。中世纪的中国潮在欧洲风靡，雅致又充满意境美的中式风格备受西方宠爱。

但如今，无论是建筑设计、室内设计、工业设计还是平面设计，都难见精品。加上大多数的国内制造企业长期以来形成了"引进—消化"的思维惯性，在产品设计环节过度依赖模仿和抄袭，使得设计一直没有真正融入产品研发的结构中。尤其缺乏在品种开发、原型培育、用户体验、生产过程优化等方面的深度研发与准备，使设计环节成为仿制和简单改进的温床。

21世纪以来，技术的革新，让设计有了更坚实的制造业支撑；文化的开放，让设计蕴含的价值更为厚重；视野的开阔与信息的多元，让设计思维变得更加丰富；生产生活水平的提高，让设计更加深入日常，广泛根植于各个领域……

从千篇一律、千人一面的重复性设计，到成为红点、红星、iF 等国际重要设计奖项的常客，从国货品牌在世界舞台上大放异彩，到奥运会上 logo、吉祥物、开幕式的设计让中国审美成为主流，从背包、沙发、音箱、水杯这些普通的生活用品，到飞机、航空舱、水电站这样的大国重器……这一路走来，我们的设计逐渐找到了自己特有的发展路径，在经历了从对内自我否定、对外全盘接受，到开始审视自身，对自身进行挖掘，对传统文化基因进行重塑，中国设计的精神内核逐步确立，设计文化的样貌趋于多元和成熟。

今天，中国的设计正在崛起，助力乡村振兴、盘活传统文化、赋能大国工程、颠覆"中国制造"固有形象……中国设计已经站上世界设计的潮头，"设计强国"任重道远。

设计赋能传统文化

我们伟大的祖国幅员辽阔，在悠悠五千年的历史进程中，各族人民共同积淀了深厚且各具特色的传统文化，涵盖了文学、绘画、书法、建筑、宗教、节日、民风民俗等各个方面，儒释道法、赛舟赏月、亭台楼阁、曲艺歌舞等，无一不在彰显着我国的精神底蕴和文明内涵。

文化是一个国家和民族发展的命脉与灵魂，传统文化是我们最重要的精神遗产，它为时尚、文创、影视、游戏、家居等行业提供了源源不断的灵感，也让与各行各业相关的设计变得越来越多元创新。

据相关报告显示，以中国传统文化元素为设计亮点的国潮品牌，在过去十年关注度上涨了528%。除新国货外，设计也将中国传统文化元素应用到了文化、科技等各个领域。近五年中国品牌搜索热度占品牌总热度的比例从45%提升至75%，是海外品牌的3倍，可见，中国文化消费的力量已然全面崛起。

用设计的力量为传统文化赋能，使传统文化活起来、走出去，最终迈向一个新的历史纪元，这是中国力量全面崛起之下对设计提出的更高要求。这个过程中对于设计师而言需要深刻思考如何让传统文化现代化转型？如何让传统文化与国际化关联？这是设计赋能传统文化对设计师的更高要求。

设计让传统文化重新活起来

文化流行本身是一个循环的过程，一个曾经经典的潮流，在沉寂多年后，总是会重新开始流行起来。比如现在我们在大街上经常看到穿着喇叭裤、泡泡袖的潮男潮女，但我们都知道这些元素其实早在20世纪七八十年代就已经流行过了。还有在各大商场售卖"80后"和"90后"玩过的玩具、吃过的零食的小店，现在也仍然能吸引住人们的目光，激发人们的购买欲望。

有意思的是，这些元素虽然很旧，但总能给人新的感觉，是用一种全新的方式来营造一种美感、魅力和情怀。

至于如何创造这种全新的方式，让传统文化得以现代化转型，这就离不开设计了。

以故宫的文物、历史、建筑等为创作背景的故宫文创，将当下的网络金句和流行元素，融入我们常用的生活用品中，例如"朕知道了"胶带、"剪刀手雍正"手机壳、"国色当红"彩妆等。时尚、软萌的画风让原本庄严、肃穆、枯燥、刻板、拥有600年历史的紫禁城一下子变得生机勃勃，以一种前所未有的姿态变得年轻化。

拥有350年历史的老字号荣宝斋把馆藏的齐白石名画《游虾图》《蔬果花鸟册》与汉堡王、饿了么联名推出春日限定"青青霸王桶"，包装设计中提取了齐白石画作中的经典元素，将鱼、虾、花、鸟元素和汉堡王的食物结合起来，重构一幅春色画卷，令东方传统水墨画作以时尚、轻松的方式走进年轻人的视野，引发大众对中国传统文化更为强烈的情感共鸣，受到了年轻人的喜爱。

还有洛可可设计联合夫子庙文旅共同开发的带有南京秦淮文化元素的旅游纪念品"状元郎文创礼品"。众所周知，夫子庙以传统文化的传承和延续而著名，自古以来，夫子庙周边的衣食住行相关产业皆因科举而兴盛，洛可可设计团队选取"状元"作为文创主题，进行了系列产品的外观设计及视觉设计，创造出了Q版南京小状元的形象及21个品类的50多款产品。"状元系列"作为夫子庙景区的人气礼品，获得了来自全国各地游客的一致好评，更好地传递了南京城市文化风貌。

这些案例都充分说明了传统文化对现在设计风格的影响越来越大，而那些更注重传承创新、更符合当代潮流审美的设计，也为传统文化注入了新鲜的血液，让传统文化重获生机。

在盘活传统文化这条路上，洛可可的设计团队近些年也一直在做着不懈的努力。

【案例1】乐山大佛弥勒瑞草

乐山大佛景区拥有中国最大的摩崖石刻造像，是中外旅行者神往的圣地。乐山大佛的游玩时间在4个小时左右，在景区的二次消费部分核心是打造餐饮和旅游纪念品，用文创衍生品拉动游客的消费。所以一款既有景区特色，又能让人乐于买单的旅游纪念品就显得十分重要了。

乐山大佛是一尊弥勒佛，佛经说弥勒出世就会"天下太平"，有美好的祈福寓意。如何将概念巧妙运用，而非简单粗暴地展现在产品上，是设计师在项目过程中不断思考和头脑风暴的核心点。在乐山景区为期一周的考察中，设计团队发现景区工人会定期清理大佛身上长出的杂草。当地流传这样一个说法：从大佛身上长出的草木皆为吉祥的福物，我们以此作为突破点，进行了产品系列的开发。

"山是一尊佛，佛是一座山"，佛身长出的草木皆是吉祥的福物。将乐山大佛每年修缮采集的土、石、草进行收集与筛选，并加入纸浆，制成草木纸张，将"吉祥圣地之土石水具足享用胜地缘起""吉祥福地之草木具足享用悦意增上果的缘起"

图 8.1　乐山大佛弥勒瑞草

的字样印制在纸上放入吉祥袋。

设计师提炼了佛光与盘香元素,雕刻于黄铜佛珠之上,寓意佛光普照、轮回禅宗。搭配砗磲与蜜蜡,黄与白两色象征着庄重与圣洁。头柱使用大佛剪影形态制作成圆柱佛塔状,有保佑平安、免除灾难的寓意。

乐山大佛文创衍生品"守之礼"之弥勒瑞草荣获2018年德国红点设计大奖,让我国传统的佛教文化发扬光大。

【案例2】南京老城南

老城区改造,是盘活传统文化,让传统文化重新焕发生机的途径之一。位于南京市秦淮区的门东,是老城南传统民居风貌的代表,它融合了历史遗留的城市肌理

图8.2　南京老城南文创产品

与现代商业业态，融合了历史与现代、传统与时尚，让老门东在保持古风古韵的同时焕发出年轻的活力，同时，与夫子庙、秦淮河等周边地区资源的结合，形成大旅游、大文化气候。如何将传统与现代相结合，局部与整体相协调，打造独一无二的品牌形象，是设计师要解决的首要问题。

洛可可品牌设计团队通过前期对区域居民的深入访谈和大量文本影像信息的研究，最终确定的设计方案汲取门东文化最具韵味的元素——三叠式马头墙。通过别具金陵特色的建筑形态，表现巷陌人家的民风雅韵，以"雨花石"为原型的"南京"字样的印章，更悉心点缀出别具一格的细

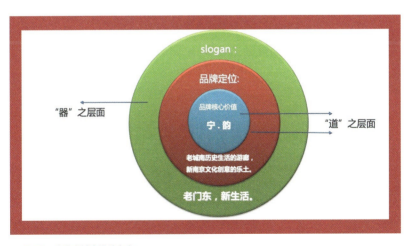

图 8.3　南京老城南设计方案

节美感。整体标识于厚重、灵动间完美诠释古典情怀与现代审美。刚健挺拔的现代线条与苍劲雄浑的传统笔墨相结合，交织成气韵生动的"门东"字形，勾勒出古意盎然的水墨丹青，尽染生活韵律之美。

除此之外，洛可可设计团队通过对南京老门东品牌的分析，将老城南品牌的核心元素归结为"历史积淀＋文化底蕴＋市民生活"，核心价值是"宁·韵"，定位为"老城南历史生活的游廊，新南京文化创意的乐土"，同时，为了凸显老城南的文化底蕴，还设计了与街区相融合的商业空间导视系统，便于游客游览。

所有的文化，其本质都是"文而化之"，就像水一样，传承千年而不断，却又一直在变化。不管是设计也好，其他领域也好，今天我们需要的不是照搬传统，不是单纯的元素堆砌，而是既传承又创新，在对传统文化有了充分的了解和认知之后，以现代人的审美需求为出发点，大胆进行解构再重构，甚至改变功能和价值，从而设计出既有传统韵味，又不失现代感的作品。用文化为设计赋能，最终创造出一种新的流行，而让设计激活传统文化，则能创造出传世经典。

设计让中国文化走向世界

把传统文化元素广泛运用到设计领域，不仅是对文化的传承，也是实现了设计赋能传统文化的第一步，让传统与现代接轨，让传统重新拥有生命力。而第二步则是实现国际化，把中国文化传播到世界，用设计的语言讲好中国故事。

身为国货运动潮牌的李宁，最近几年频频在国际时装周的 T 台上亮相，席卷了国内外时尚界。它融合了中国传统文化元素与现代时尚潮流，复古又不失新颖，高调张扬的设计，时尚而百搭，吸引了年轻人的眼球。尤其是汉字在服装上的直观运用，更引领了中国特色和家国情怀，打破了国内外消费者对李宁，乃至中国文化的固有认知，向全世界展示了中国文化之美。

此外，很多外国品牌如今也都格外注重挖掘中国传统文化底蕴，以开拓中国市场。例如美国时尚品牌 Coach（蔻驰）就称中国已经成为其品牌的灵感来源，开展"国潮创承"校企合作项目，鼓励青年学子将国潮元素与国际品牌力量相融合，将门神、皮影、园林等极具特色的中国传统文化元素融入时尚品牌的皮具、箱包、快闪店中，助力中国设计与国际交流接轨，让更多的"中国设计力量"走向世界舞台。

今天是中国输出文化并重构文化的最好时机，也是全世界重新认识中国文化的最好时机。在 2022 年冬奥会上，憨态可掬、呆萌可爱的吉祥物熊猫公仔冰墩墩受到了来自世界各国参赛运动员、媒体记者们的喜爱，各式各样的同框照片与短视频出现在了全球各地的社交网站上，全网上下，一墩难求。

冰墩墩向世界传播北京冬奥故事，传递奥林匹克精神，让全世界人民见证了中华民族独特的文化魅力。除此之外，还有更多像冰墩墩一样的设计带着中华民族的文化自信正扬帆出海，引领全球风尚。

【案例1】上上禅品

2009年，我创立了中国生活美学品牌SANSA上上禅品，设计这个品牌的初衷，是想在洛可可设计服务业务取得成功之外，圆自己一个设计梦，并借由自己的设计梦让"上上禅品"在国际产品设计中树立起良好的中国设计形象。

我以"述而不作"为上上禅品的创作理念，从传统文化与自然中汲取灵感，熔铸现代设计与技术，打造对话心灵的日常

图8.4　上上禅品"茶香"香炉

物品，溯寻文化的唤醒与情感的共鸣。我想倡导的是"活泼泼的生活禅"，希望人们从日常点滴中感悟积极、丰富、平和的中国"禅"智慧，回归心灵的宁静，品味美好的上上生活。

上上禅品包括高山流水、荷塘月色、上山虎等，囊括香台、茶器、装饰等各类家居产品，因其丰厚的文化内涵和独特的设计理念，被国家新闻总署选为官方外交礼品，随国家领导人出席法兰克福书展，作为主宾国官方礼品，将东方美学传递给各国友人。作为设计师，当时我也受到了

图 8.5　上上禅品"大耳有福"套盘

图 8.6 上上禅品"上山虎"茶具 / 香台

国家领导人的接见。此外,上上禅品与日本设计大师黑川雅之联手打造了上上香道系列、茶道系列、灯系列和家具系列,走上了中国原创品牌国际化合作之路。

从 2008 年第一款产品"上上签"获得红点设计大奖开始,"上上禅品"就慢慢地走上了"上上"之路。我希望把它打造成为一个具有中国文化气质的国际品牌,让全世界的人都能领略到中国传统文化的魅力。

【案例2】贵州茅台中国奥运军团庆功酒

茅台酒有中国国酒之称，在2012伦敦奥运会分别推出了专为中国奥运军团定制的限量版庆功酒。为了更好地在世界舞台上展示中国文化，洛可可承接了其瓶形和外包装的设计。

设计团队通过前期对茅台酒自身品牌特征及奥运纪念酒品类的研究，最终在外型上保留了茅台酒独有的45°贴标风格和三阶梯的瓶颈特征点。瓶身整体采用描金工艺，即在特制陶瓷瓶身上用现代描金技术，将纯金液化后在瓷胚上描绘彩纹饰，再经入窑高温烧制而成，并以浮雕勾线手法，在大面积的亚光金中勾勒出中国传统

图8.7 贵州茅台中国奥运军团庆功酒

云纹金色线条。瓶盖上的宝珠用特殊材料手工打磨，外形更加细致柔和。整体造型寓意福托宝珠，展现了中国国酒祥和大气的风采。外盒采用纯正实木，整体厚重大气，以国酒茅台传统的斜挂绶带标识为元素，以金、银、铜色金属滑块作为瓶身点缀。金属滑轨不仅有多重寓意，更可作为木盒开启的滑动机关。

"爱我茅台、为国争光"的国酒茅台精神，彰显着茅台百年辉煌所积淀的独特个性，代表着国酒对于历史、国家、民族的责任情怀和品格风范，展示了民族品牌的自信、自强和自尊。而专属包装别具匠心的华美，更是彰显了泱泱华夏传统智慧的工艺传奇，作为奥运荣誉的一部分，可以使这份自豪和荣耀长久传承。这款设计获得了2014年德国红点视觉传达大奖。

北欧、日本、德国等地之所以能形成比较鲜明独特的设计风格，就是因为它们拥有比较明确的文化价值观。有文化做支撑的设计，往往能经典且长久，而且更具民族风格，彰显国家形象。

在文化重要性越来越凸显的今天，大量好的设计开始在中国的土壤上生根发芽。这些设计本身就具有中国的文化基因，并且会将这样的基因传达出去。所以，设计能够重新定义文化，传播出去之后，又可以重构文化。

我认为设计面向国际的营销策略就是发挥中国传统文化的魅力，虽然我们在帮宝马做设计、帮奥迪做设计，但是我认为，中国的设计师，有义务和责任探索出属于我们自己的设计。

中国的哲学、美学和智慧，蕴藏着无限的魅力，可以为设计提供源源不断的灵感。反过来，被传统文化滋养的设计，最终会形成自身独特的设计风格，成为向世界传播中国文化的重要路径。

设计铸就大国重器

大禹分九州、铸九鼎,将名山大川、奇异之物都铸造入九鼎之上,如何将主权的气势彰显在一件青铜物件上?如何将复杂的九州图精美绝伦地刻印在青铜物件表面?是几千年前工艺大师的集体智慧的体现,由此可见,自古设计就与主权政治有关联,设计铸就大国重器,从技术、工艺各方面都彰显大国气魄。

2022年4月16日,神舟十三号上的三名航天员完成为期6个月在轨飞行,顺利回家,标志着我国航天事业的重大进步。近年来,我国的大国重器捷报频传,大国神采日新月异,令国人自豪,让世界赞叹。"天宫一号"逐梦而行,完美对接、"蛟龙"号万米探海、北斗三号全球导航、"中国天眼"望穿百亿光年、"华龙一号"首堆商运、复兴号高铁神州飞驰、南水北调工程解决水资源矛盾……这些大国重器项目,离不开工程师与设计师的紧密协作,洛可可也很荣幸能参与其中,协助天宫一号、二号的部分组成部分设计,在先进技术与日常应用的鸿沟间架设起一座座高效率又人性化的沟通桥梁。

大国工程是人民安康生活的保障,更是国家的名片、民族的脊梁,建设设计强国,必然离不开大国重器的设计。

【案例1】天和核心舱

2021年4月29日,"天和核心舱"搭载长征五号B运载火箭顺利升入既定轨道,这标志着我国空间站工程已全面进入建造阶段,为建成中国空间站任务目标奠定了坚实的基础。

天和核心舱全长16.6米,最大直径4.2米,发射质量22.5吨。核心舱在设计上有很大突破,供航天员工作生活的空间达到了50立方米,可支持3名航天员长期在轨驻留。

天和核心舱的发射成功标志着我国空间站建造进入全面实施阶段,历经十年规划,中国终于将空间核心舱送入太空。这十年圆梦路,洛可可设计团队始终相随,紧密配合

图8.8 天和核心舱

四川航天技术研究院，设计、研发与制作了天和核心舱内供航天员生活起居及工作区域的部分产品，其中的身体限位装置、移动工作台、扩展餐桌，高度还原人在地球上的生活习惯，让我国的航天员在太空中不会因失重而感到不便。

设计研发阶段，洛可可设计研发团队战斗力全开，通过无数次设计、试验与改进，反复找寻问题原因并逐个击破，始终坚持以自主创新驱动大国军工、大国重器，努力支撑起祖国的蓝天。

【案例2】C919大飞机商用监测仪

2012年，中国商用飞机有限责任公司找到洛可可，希望为中国第一款自主研发的大飞机打造监控系统CAPHM，以支撑国产大飞机在运行过程中的跟踪监管。

洛可可设计团队以竞品研究、用户研究为基础，进行了CAPHM系统的交互设计、视觉设计，制定了UI规范，设计团队通过对数据信息的维度和重要级别进行梳理和分类，重新划定了页面显示的层级关系，重新拟定了各级数据的分类和排序方式。

首先，设计师们按照航空公司进行数据的一级分类，再以起飞降落的时间顺序对各公司的航班架次进行排序。

其次，洛可可设计团队用卡片式的信息呈现替代了传统表格。原有的表格形式是将大量信息堆叠在一起，重点不够突出，虽然系统使用者可以同时浏览更多数据，却仍需要横向、纵向反复转移视线来进行浏览和操作，容易造成视觉混淆和误判。

而卡片式界面能够帮助用户清晰区分各架航班。设计师们从视觉上突出航班号,再通过不同的颜色标明正常、故障、维修等实时状态,增强引导性,让使用者能够及时获取问题的来源和属性,从而快速地

图 8.9　C919 大飞机商用监测仪

进行处理，极大降低了误操作概率。

为降低用户在长时间浏览数据时产生的枯燥感，设计师们还设计出了另一套交互方式。这一方式以时间进行整体排序，每架航班都有专属的时间轴，系统使用者通过时间轴长短就能够清晰直观地看出该架次的运行时长，以及当前的具体位置和状态，不再需要通过文字和数据来进行判断，降低了使用难度。

2017年，C919飞机于上海浦东国际机场完成首飞，2022年9月29日，C919飞机获颁型号合格证，获得官方认可。

【案例3】白鹤滩水电站发电机顶罩

金沙江畔，白鹤滩旁，"大国重器"白鹤滩水电站屹立于此。

白鹤滩水电站以高坝大库、百万机组，复杂的地质条件和工程技术成为全球关注的焦点。白鹤滩水电站装机容量1 600万千瓦，在目前在建水电工程中位居第一，将世界水电带入了"百万单机时代"。它不仅是"西电东输"工程的阶段性成果，在全面投入使用后，还将兼具"多面手"功能：除了发电之外，在防洪、拦沙、航运方面，它都能发挥巨大作用。

而这些白鹤滩水电站水轮发电机的顶罩，正是东方电气集团东方电机有限公司联合洛可可设计团队共同打造的。

水轮发电机是发电站的"心脏"，顶罩是用于保护"心脏"的甲胄。白鹤滩水轮发电机顶罩不仅有高颜值的外表，同时还兼顾了功能性，科技感十足，被亲切地称为"蓝胖子"。

"蓝胖子"的外观融合了三峡集团logo、白鹤等元素。白鹤亮翅是太极拳招式，动作柔和，却能以柔克刚。设计师认为大坝拦水,聚起巨大能量,奔涌而下时能推动发电机发电,亦是如此。

而顶罩上丝印"100"元素,通风孔呈"100"字样造型,代表建党一百周年献礼,同时也体现了单机容量100万千瓦的含义。

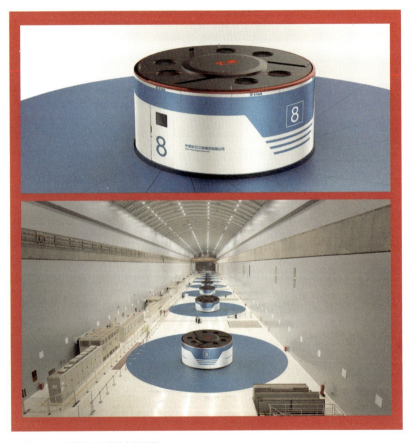

图 8.10 白鹤滩水电站发电机顶罩

外罩的灯光交互、钣金细节处理和未来感涂料,都充分体现了科技感。

"蓝胖子"的模块化结构设计,满足了外罩防尘、散热、隔音降噪的功能需求。外罩里面有 6 台风机按照指定的角度进行主动散热,整个外罩封闭性和隔音效果良好,内外整洁,给人视觉上的舒适感。内部结构的优化也提高了安装效率,便于产品后期使用和维护,大大降低了产品落地的成本。

这些被外罩保护的发电机组,是当之无愧的"巨无霸",重达 8 000 吨,当它以每分钟 111 圈的速度高速运转时,将硬币竖立在运行机组旁的地板上,硬币可以久站不倒、稳如泰山,尽显"中国设计"的品质。

【案例4】Smart Point智能地震数据采集节点仪

随着 5G 通信技术、工业物联网、大数据和人工智能等技术的发展,节点设备必将向智能化、集成一体化、小型化、轻型化、自动化、实时传输监控方向发展。2019 年 12 月,中国石化针对中国石化油气勘探开发的未来应用场景,结合 5G 时代的工业物联网通信技术,联手洛可可设计启动 5G 智能节点采集设备的设计与研发供应链工作。

Smart Point 智能地震数据采集节点整体外观由圆柱体演变而来,保证了内部空间的同时,产品体积也相对变小,携带方便,回收和运输时更加节省空间。四边切削的部分降低了产品厚度,在使用的过程中也可作为辅助扣手。在充电与数据传输的方面,设计师采用触点的形式,极大地改善了产品使用的体验感，为操作工人带来了便利。顶部设置了一个防水透气阀门，让节点内部与外部气压保持平衡。

Smart Point 智能地震数据采集节点仪的设计和研发应用了先进的 5G 通信、工业物联网技术、大数据和人工智能等技术，系统本身具有低功耗、多种高精度时间同步技术、实时质控、海量带道（高宽带）等突出优势。

该仪器的使用将使常规地震勘探更便捷，应用场景涵盖现有的有缆和节点采集系统，未来还可应用在环境监测、安防安保、地质灾害测防、电力保护、国防等广泛领域，发展动力强，市场前景广阔。

除上述案例外，洛可可还为天宫一号的地面指控发射、远程指挥等六大系统进

图 8.11　Smart Point 智能地震数据采集节点仪

行了用户操作界面的设计;为广泰飞机设计登机桥;对华电天仁 PLC 产品进行了创新设计,打造全新的产品系列 PI;为百色美联设计煤矿井下探水雷达,完成"零"伤亡煤矿矿区的使命……

科技创新是我国发展的新引擎,而创新设计正在成为科技产业版图延伸的助推器。设计师门应始终坚持以自主创新驱动大国军工、大国重器、大国民生,为实现伟大的中国梦添砖加瓦。

从中国制造到中国设计

20世纪90年代开始,中国成了全球的"代工厂",作为全球制造业的中心,中国的制造业GDP连续十几年领先全世界,约占全球GDP的30%。但在早期,国内工厂无法控制成品质量,自主创新能力较弱,原创性、变革性的技术产品较少,很多产品的关键零部件还不能自主研发,质量效益指数比较低,数字化转型、智能化制造与传统工业的结合还远远没有实现,以至于长久以来,"Made in China"(中国制造)都是低端、廉价的代名词,在国际上很难有竞争力。

英国著名设计师保罗·史密斯(Paul Smith)曾说,在一个竞争性增长的世界里,工业化国家进入了用同样的原材料生产同一件产品的阶段,此时设计就成了绝对因素。

但是,如果没有强有力的制造做支撑,设计也往往无从谈起。

2009年,我和我的合伙人在英国伦敦设立第一家洛可可海外公司,因为在2007年给北京奥运做的奥运地铁闸机项目非常成功,所以英国奥组委邀请我们和国内其他的顶尖服务企业一起去服务伦敦奥运。可是就在我们满怀斗志准备大干一番的时候,却受到了英国的设计师和设计公司的整体质疑:"你们中国人会做设计吗？是来抄我们的吗？"这句话至今还回响在我的耳边，每每想到时，都会觉得既气愤又羞愧，身为一名设计师，让我很长一段时间都觉得抬不起头来。

那一次的国外设计之行，让我深深感受到，在外国人眼中，中国的标签不仅仅是"中国制造"，还有个更大的标签是"copy（抄袭）"，而且这个标签所带来的刻板印象，可能在短时间里，难以被打破。

从那时起，我就给洛可可定下一个使命和目标——挺起中国设计的脊梁，我们要注重创新、注重原创，我们想做一家能代表中国的顶级设计公司，我们想让中国设计在世界上掌握更大的话语权。

在过去的15年里，洛可可拥有了21个合伙人，这些合伙人就像璀璨的星星一样，在新消费、零售、科技、人工智能等不同的领域发出耀眼的光芒。我们经历了三次颠覆式创新、五次管理变革，亲眼见证了中国制造步入新的数字与人工智能的新纪元，中国设计的标签由代工、内销，转换成品牌升级、自主、时尚、高端……

现在我们的目标不仅是要挺起中国设计的脊梁，还要设计美好世界；不只是服务客户，还要连接用户，连接企业和制造者、供应商；不只是用自己的1 000个设计师，还要连接更多的设计师，连接1 000万全球设计师；不只是做一个简单的设计公司，而是要做一个社会化产品创新平台，真正帮助客户构建有价值的产品；不只要做设计服务，还要逐步转型为一家以设计为核心竞争力的产品创新公司。

我认为，2020—2030年是中国产品创新的黄金十年，也就是"产品的新文艺复兴"的十年，这些产品的共性将是：中国设计、中国制造、为中国用户量身定制。同时，这些新品还将远销海外，使国内国际双循环相互促进。这十年，会出现一批全新的各品类企业，带领中国的产品、品牌、消费、文化走向世界。

从全球来看，上一次文艺复兴发生在欧洲，它以诗歌、雕塑、绘画等思想艺术文化为主要形式，在贵族圈层中引发广泛影响。而在"产品的新文艺复兴"中，中国文化、中国设计、中国人对美的理解，将通过每一个人都能用得上的产品，传递到全世界。并且我认为，这次"产品的新文艺复兴"，只能发生在中国。

接下来我从三个方面来论证。

第一，文艺复兴必须以文化为载体，在上一章我们提到，中国有几千年绵延不断的文化积淀，而且这些文化积淀也会赋能产品创新，让产品更经典、更有内涵。

第二，中国有着发展科技互联网的软、硬件优势，数字化和智能化发展迅猛，成为新时代下两种主要的生产力，赋予产品更时髦的智能表达形式。

第三，我国人口众多，人口消费容量大，并且消费需求差异极大，同时还拥有完善的供应链和制造能力，为产品创新提供了较大的发展空间。

这些因素汇集起来，都成为产品新文艺复兴最有力的后盾，而产品新文艺复兴，也必然伴随加持。

与此同时，中国的商业美学也正在崛起。产品的新文艺复兴，其底层逻辑是一种将艺术、哲学的追求重新构建到产品上的生活方式。中国的商业美学的崛起，将使中国人对美的理解，借助每一个人都能用得上的产品传递到全世界。

美之所以能变成产品的重要介质，是因为美是第一印象，就像在人群中大家更容易关注长得好看的人。产品亦是如此，需要凭借外观脱颖而出，让客户一见钟情。

比如新国潮将中国美学做到极致，并形成代表中国的美学标准，新国潮不只是传统意义上的美，而是加入了新时代的审美逻辑，设计的新国潮产品是否足够好看，不是设计师决定的，而是由拥有全新美学逻辑的年轻人决定。

中国的产品创新，正处于非常活跃的蓬勃发展时期。站在产品创新的新阶段展望，未来中国的产品设计将从侧重功能转向注重精神，从标准化转向个性化，以及产品与科技、人文的深度融合。构建中国设计的话语体系，用设计讲好中国故事，彰显民族自信，是中国设计今后发展的重要方向。

第九章

设计驱动新可能

吴声在《新物种爆炸》一书中，阐述了新时代的商业生态环境，他认为"新技术和人的认知作为新物种的驱动力，推动生态持续迭代、进化与异化，形成生物多样性不再是小概率事件，新物种爆发的时代已经来临。它不仅表现为新的产品、新的技术，更表现为新的组织管理方式、新的商业模式和新的生态思维"。

在新时代的商业生态环境下，设计似乎也不再单纯只是一个职业，而是升级成了驱动创新的一个重要工具、一种创造性的商业思维和方法。将设计的创造性发挥到极致，释放新可能，它可以通过颠覆式创新的方式，赋予产品独特的内在意义，打造全新的用户体验，成功创造商业价值和社会价值，驱动新的可能。

比如苹果公司主打便携式的 iPod 播放器，利用 MP3 格式的特性让消费者自己制作音乐，并配套相关软件以及在线商店，为消费者提供了无缝式体验，还可以搜索购买单曲，这就赋予了产品新的意义。

在前面几章，我们主要从"经济基础"层面来阐述设计是如何赋能美好生活的，那么这一章我们将从"上层建筑"层面出发，以洛可可第三浪商业模式——人工智能，以及文化 IP 打造为例，讲述设计如何驱动新可能、引领时代潮流。

设计即商品

设计即商品,也就是省去了打样、制作、推广、销售等从设计变为商品的中间环节,在智能技术的加持下,通过用户共创的形式,一键生成,直接面向消费者。

在我们的理解中,商品是设计的结果,设计是商品化过程的重要手段。设计能不能落地、能不能使商品销量最大化,设计周期、设计成本等,都是设计师在出设计方案前需要考量的问题。但是在想象力经济时代,我们已经不再需要考虑一个设计究竟能不能付诸实践,因为设计自诞生的那一刻起,就已经成了商品。

2020年11月,水母智能正式成立。凭借在设计行业的经验和数据积累,水母智能将智能设计能力陆续拓展到智能包装设计、智能商品设计等领域,为中小微企业提供"美、对、快、省、可商用"的普惠设计服务。

水母智能利用"设计+版权+供应链"的协同与连接,建立了完整的商业逻辑闭环。在设计可商用方面,水母智能通过版权工艺算法和区块链存证实现原创设计和版权保护;在包装设计方面,水母智能智能零食包装设计已上线,为小微品牌企业主、零食 OEM 厂牌和新农户提供智能包装设计和柔性供应链生产等交付服务；在商品设计方面，水母智能对接纺织品、陶瓷制品、零售快销品等产业以及新锐品牌客户，提供个性化定制设计和柔性供应链生产。水母智能基于设计行业经验沉淀，将设计原理、设计模型及人工智能技术深度融合，进行全链路设计算法研发，实现数据在营销设计生产环节的全程流通，赋能企业生产成本十倍速下降，产品交付速度指数级提升。

2021 年春节，水母智能联合蚂蚁链、犀牛智造、蚂蚁森林推出了"链接中国福"活动，吸引了 39 万用户参与到文创环保袋的 DIY 设计创作中，并邀请蔡明、袁弘、古力娜扎等明星大咖为非遗纹样代言，亲自设计专属福袋。在传统纹样保护焕新活动中，智能设计为非遗传统纹样赋予了符合现代潮流趋势的表达。文化 IP 从简单的"内容介绍 + 设计"升级为"内容 + 平台 + 交互"的多元化传播方式，为用户带来更深度地互动体验。科技让纹样背后的历史文化故事变得更加立体多彩，充分向外界展现了良渚神人兽面纹、越王勾践剑、斗彩果子纹等千年非遗的独特韵味。

在这次的非遗纹样设计过程中，设计师从上百个吴越主题纹样中选出适合二次创作的纹样，完成元素拆解建立设计美学规则，应用智能设计平台算法处理。不仅如此，用户还可以从智能生成的、更具现代设计感的设计方案中选定喜爱的主图，选择性进行细节优化，如更换背景、贴纸元素等，最终 DIY 一款专属的"福"主题帆布袋。非遗大师和"纹藏"授权的富有浓厚文化底蕴的纹样，结合水母智能的 AI 智能设计和蚂蚁链的数字版权保护链路，让普通用户可以轻松拥有个性化原创设计，最后还能通过犀牛新智造，下单制作一个独一无二的实物福袋。

在一个月的时间里,"AI 设计 + 数字版权认证 + 智能智造"链路的打通赋能设计师和用户共创出了成千上万用户喜爱的文创产品。而在以前,从提炼故事内涵、分析纹样元素,到印刷工艺对接,一位设计师每月仅能产出 2~3 套设计方案,用户也无法实时参与互动。

对比传统设计,智能设计有两个亮点。

第一,即时生成海量设计图稿,用户可以像网购一样,先浏览再选择,最终付款,从而获得更愉悦的体验。

第二,应用算法在设计过程中提前解决生产制造环节可能遇到的限制性问题从而解决生产可行性的问题。比如,用户通过小程序生成设计文件后,即可跳转至犀牛智造,无缝链接工厂下单、制作。

通过 AI 设计 + 柔性生产 + 数字版权认证的结合,在几分钟内就可以实现千人千面的设计以及个性化的生产定制,智能设计创新非遗,人人可拥有,人人可创作,这是传统的设计与生产方式无法想象的。

作为消费互联网和产业互联网的重要连接点,智能设计支持数据在营销、设计及生产上下游全程流通,实现链接市场、产品和供应链的协作,构建以消费者为核心的 C2M 模式。目前水母智能和闪 in 魔方、犀牛智造等供应链伙伴已达成深度合作,共同探索一系列非遗 IP、文创 IP 的产品创新设计生产,并持续拓展包装、纺织品等多元设计产品矩阵,为小微企业提供场景化解决方案。通过引入蚂蚁区块链技术,智能设计可以实现 IP 分发、IP 商品化、IP 交易、IP 版权监测全环节重塑,实现原创作品的实时确权。

传统上,设计师要想成为大师,必须要有源源不断的灵感和不断积累的经验。今天已不是大师时代,我们追求的是培养"超级设计师",用技术平台、新工具平台、人工智能平台、用户平台、工业平台、大数据平台,还有 IP 内容平台去赋能设计师。在全民创业时代,智能设计打破了设计本身的门槛和界限,让每个人都能参与到设计中来,实现设计驱动的 C2M 模式的落地,这也意味着"设计即商品"的时代就要到来。

一切皆可 IP

在移动互联网时代，不论身处哪个行业，你都能见到 IP 的身影。

IP 是英文"Intellectual Property"的缩写，直译为"知识产权"。但在当下的实际语境中，IP 的概念得到了很大延伸，涉及生活的方方面面。它可以是一座城市、一条街道，可以是一个人物、一个故事，可以是一本小说、一部动漫，也可以是一台综艺、一个吉祥物、一款游戏，甚至可以只是一个理念，凡是能够持续获得吸引力和流量，创造商业价值的文化消费品，都能称之为 IP。

IP 正在成为不可或缺的新兴力量，在消费产业升级的当下，越来越多的消费者追求的不只是产品的功能，更是一种情感的寄托。

IP 的终极目的是追求价值和文化认同，打造 IP 是一场马拉松，要想成为经典，需要持续的投入，内容、品牌、设计、衍生、营销都需要围绕 IP 价值观不断升级。

我认为，要想打造超级 IP，需要考虑以下五点。

第一，要进行可行性评估，从设计、工艺、成本、品控等维度进行评估。

第二，要进行资源对接，从供应商的开发、匹配进行评审考察。

第三，进入研发阶段，从技术、品类、结构设计、人机工程研究等角度进行实质性研发。

第四，进行供货保障生产管理。

第五，进行产品实现过程管理等。

要想打造一个超级 IP，需要一整套的跟踪管理，从项目需求、用户画像、市场分析、竞品分析到开始打造产品、推出超级符号、整合供应链、收集用户反馈等。洛可可近年来做了一些相关尝试。下面我将以故宫猫和如花为例，希望能为 IP 打造提供一些具体的方法论。

【案例 1】故宫猫

在大众旅游的时代，消费者希望带给亲友具有文化专属性和故事情感的文创衍生品。目前的故宫旅游产品品类繁多冗杂，但是真正能满足大众消费需求的产品少之又少，在这样的契机下，故宫希望与洛可可文创设计团队一起携手，创新研发出专属于故宫的文创 IP 符号，以及符合现代消费者审美的文化创意衍生品。

在前期调研中，设计师发现，每年来故宫游览的旅客中，有一大部分是顺便来看猫的年轻游客，又因为猫也是比较中性的符号，便决定用这个意象作为故宫文创的 IP 符号。在设计的过程中，设计师对故宫猫的形象进行抽象化的提炼，让其具

图 9.1 故宫猫

有故宫的故事性、传承性以及创新性，使之更具有 IP 化的生命力。

"故宫猫"这个概念的提出是比较大胆的，也有很多不同的声音，但经过市场验证以及多次形象的迭代，故宫猫受到了故宫粉丝以及广大网友们的广泛关注。以故宫猫的形象为原型开发的衍生品，满足了年轻人对场景、体验、审美的需求，为购买故宫礼物的游客提供了新的选择，获得了 2016 中国旅游商品大赛金奖、第十三届北京礼物旅游商品大赛金奖、故宫博物院 2015—2016 年度优秀故宫商店等多项奖项荣誉。

故宫猫系列现阶段已开发生产 200 多款最小存货单位 SKU，并已投入市场销售，成功进驻故宫天猫旗舰店，并且在故宫创办了唯一一家主题形象体验店，店内文创产品单价在 5~100 元，性价比极高，颇受游客喜爱。体验店里还有一个故宫猫形象的智能机器人，为游客提供咨询服务，传统和高科技的结合使故宫焕发出了新的生机。

《故宫文创记》中写道："文创产品要让观众真正看得上、买得起、带得走、用得着、学得到，让故宫文化走出紫禁城，走进千家万户，走进更多民众的心。"

故宫猫可以说基本做到了。

王朝逝去，时代变迁，今天，故宫猫以新的姿态守护着故宫，这就是创新 IP 的生命力。

【案例 2】如花

2018 年末的一场大火，让洛可可所有的成果都付之一炬，也几乎毁掉了我的事业，让我的心态发生了前所未有的变化。我变得消沉，情绪低落，对什么都提不起兴趣。

我用小时候喜欢的绘画来自我疗愈。

一开始，我用彩铅画了很多动物，像猫头鹰、小狗等，让我觉得特别治愈，之后我内心突然迸发出一个想法——我想创造一个特别的形象。

如花就是在这时候诞生的。

起初这个形象有些模糊和不可名状，我需要不断抽丝剥茧才能从内心的阴影里描摹出 TA 大概的模样：

TA 没有鼻子、嘴巴和耳朵，仅仅用眼

图 9.2　如花滑板

睛观察这个世界，TA 用头发感知世界，与世界对话。TA 处在一种超越现实、超脱时间、超脱空间的状态，在元宇宙世界里找到了另一个自己。在那里，TA 有无数的化身，可在不同的平行宇宙间来回穿梭，与深海、太空、大自然对话，相通相融……

就这样，我接连画出了《如花森林》《如花草原》《如花海洋》《如花花园》《如花草丛》《如花在雪》等一系列作品。5G、VR/AR、人工智能、区块链元宇宙等新兴技术和新概念的发展，为 IP 衍生内容的形态创新和多效运营提供了有力支持，新概念、场景化的 IP 经济未来可期，于是我又运用这些前沿科技，创造出了元宇宙艺术 IP "如花在野"，包括绘画作品、陶艺作品、雕塑作品、NFT 数字典藏艺术品、衍生品以及空间艺术创作等，并与保时捷、中国葡萄酒庄等开展合作，设计了"如花在野"（将在下一章详细讲述如花的衍生品案例）。

如花有很多表情，阴郁的、发泄的、快乐的、俏皮的、不屑的、可爱的……每一个表情的眼睛形态都有所不同，但都有着相同的叉叉眉，叉叉眉实际是个伤疤，代表着反叛，以及反叛之后新的可能性。

对我来说，"如花"不是一个新生的孩子，TA 更像是我重新孕育的自己，有些不屑的同时，依旧自在地野蛮生长。

此外，洛可可设计团队还携手桃花源，打造古风恋人 IP；为合肥庐阳区打造专属文创 IP "庐小胖"；为西溪古镇生活 IP 提供整案设计服务；为丽江古城打造 IP "丽江萌蛙"……用设计赋能创新，帮助品牌找到新的市场定位，形成新的商业模式。

当前，中国消费市场上，用户的消费喜好正从单一型的"物质消费"向复合型的"精神消费"转变。大批"90后""00后"用实际行动证明，他们越来越愿意为自己喜欢的IP买单。虽然中国IP经济仍处在起步阶段，但发展潜力和空间巨大。未来，我们也希望看到越来越多的本土化原创IP大放异彩，用我们的设计助力做出具有世界影响力的中国IP，用设计驱动新可能。

图9.3　如花香薰蜡烛

第十章

设计元宇宙

要问时下最火的概念,"元宇宙"(Metaverse)一定是其中之一。

"元宇宙"的概念肇始于1981年美国科幻作家弗诺·文奇出版的小说《真名实姓》里,在这部科幻小说里,弗诺·文奇创造性地构思了一个通过脑机接口进入就能获得感官体验的虚拟世界。但是"元宇宙"(Metaverse)一词的真正诞生是在1992年。1992年,美国科幻作家尼尔·斯蒂芬森出版了小说《雪崩》。在《雪崩》里,作者描绘了一个庞大的虚拟世界。在这个虚拟世界里,人们可通过各自的"化身"相互交往,度过闲暇时光,还可随意支配自己的收入。书中的虚拟世界,就是"元宇宙"。

我在与邢杰合著的《元宇宙力:构建美学新世界》这本书中,对元宇宙的定义也有过充分分析和表述,元宇宙可以简单总结为一句话、三个世界、三条主线。

一句话,即用一句话定义元宇宙的内涵:元宇宙是人类数字化、智能化高度发展背景下的虚实融合的社会新形态。

三个世界,即元宇宙是由三个世界构成的:一是元宇宙虚拟世界,二是元宇宙数字孪生的极速版真实世界,三是元宇宙高能版现实世界。

虚拟世界为人类提供无限想象,孪生世界提供真实世界的数字化极速版本,高能版现实世界令每个人在物理世界里能力倍增成为"超人",从而协助人类把物理世界建设得更美好,为前两个世界的持续发展奠定更坚实的基础。

三条主线,即元宇宙是由三条主线所驱动的:一是交互发展主线,包括眼、耳、鼻、舌、身、意(心)六个维度的交互技术;二是引擎发展主线,包括游戏、数字孪生、数字人、建筑、服装、教育等各行各业的各类引擎；三是区块链发展主线，包括经济与治理两大领域内的非同质化代币（NFT）、去中心化金融服务（DeFi）、数字金融、分布式自治组织（DAO）等。

2020年新冠肺炎疫情的暴发，让元宇宙再次焕发了生机。疫情期间，居家隔离的人们开始大规模迁移至虚拟世界，伯克利大学的学生在《我的世界》里重建了虚拟校园、师生，完成了一场特殊的毕业典礼；设计工作室Space Popular为建筑协会创建了一个虚拟现实画廊，在画廊中导航，虚拟参观者可以看到在圆形房间内展示的60件艺术品……

到了2021年，元宇宙迎来了爆发的元年。

这一年，各行各业都登上了"元宇宙"的快车，电影、游戏、餐饮、医疗、通信、金融、教育、房地产……甚至连春晚的小品都紧跟热点，沈腾那一句"我是元宇宙的DOG KING"，让一个同名虚拟币"dogeking"的涨幅一度超过1 000%。

奈雪的茶曾借势元宇宙概念打造"美好多元宇宙"，推出自己的数字藏品，发售300份限量盲盒。同步发行实体潮玩，以虚拟形象NAYUKI人设为核心，发行1 000份潮玩。推出充100得150元的储值卡活动，储值卡在72小时内售出1.904 5亿元，创造国内新的纪录。

西安大唐不夜城打造了全球首个基于唐朝历史文化背景的元宇宙项目——《大唐·开元》，完美复原了唐长安城的风貌，构建一个与真实世界平行的虚拟数字世界，且无论消费者身在何处，都可以通过端口登入《大唐·开元》世界，能在完美复原的唐朝街道上游览、购物，并且享受和现实世界一样的商家折扣，甚至可以邀请异地的朋友一起逛街。为消费者创造虚实融合的购物空间，让大唐不夜城成为旅游打卡胜地。

元宇宙时代正扑面而来，在这场新的互联网技术革命中，设计行业自然也要迎潮追赶。

我认为元宇宙时代的设计最大的意义，就是帮助人类实现在虚与实的世界都做到感知力系统的提升。在元宇宙的虚拟世界中，人类终于能够超脱自己在现实世界里简单的身体感知，产生一些交互感知。基于这种认知力的重构，人类的衣食住行都会被虚实结合所重构，这也意味着会增加两个层面的世界重构。第一是元宇宙世界，元宇宙就像一片蛮荒的新大陆，什么都没有。元宇宙里需要一瓶酒、需要一批衣服、需要一张床、需要一个机器人、需要象征身份的头像……所以说，元宇宙需要大量的设计。

第二个世界是虚实共生的世界，原来的设计都是为了解决人类在这个实体世界里需要面对和解决的问题，而解决问题的方式和手段也是停留在物理空间的设计。而有别于完全的虚拟世界和现实世界，两个世界的互动与交互是未来设计师在做设计时需要面对的。

第一节

创意即流通

元宇宙世界的设计离不开一个最底层的技术——NFT。

在我看来，NFT 是一种非同质化的新型数字货币，这种新型的数字货币，在今天产生了一个数字通证。其实 NFT 本身就可以理解成是一种数字通证，因为 Web1.0 强调的是信息，Web2.0 强调的是数据，到了 Web3.0 时代的 NFT 就变成了一种资产。只不过今天这个资产更多的是以艺术的形态表达出来，是一种数字通证。

我认为大家在购买 NFT 前，首先要清楚两大核心逻辑。

第一个是数字孪生版权，第二个是数字元生版权。

数字孪生版权就是把线下的东西直接以孪生的形式翻到线上，这其实就是一个孪生的、线上的独立版权价值，区分开了线下价值和线上价值。例如，线下画作传到线上后各部分的版权就是"数字孪生版权"。

而数字元生版权指的是这个作品是在虚拟世界里面产生的，数字元生版权再加上它的稀缺性，能够创造出更高的价值。就例如一个作品全球只发行 500 份，它的原创性、稀缺性和本身的价值，会让它的价值达到非常高的水平。人们习惯性地认为只有线下的画作才有价值,可实际上,在数字元生逻辑下,线上画作本身也是有价值的。

今天的NFT有点像我们新中国成立时发行的第一批邮票。并不是猴票最值钱,而是什么邮票今天再看都值钱,因为它具有历史开创性、稀缺性、艺术性,未来又能成为进入元宇宙的通证。所以我认为现在是人们改变线下艺术的收藏逻辑,慢慢进入线上货币艺术的存证逻辑的阶段。

最重要的是,NFT的每一次交易都是可确权的,在线下却很难真正地做到确权交易,除非你每次拍卖会都到场。NFT的好处在于每一次交易都有明确的存证,其归属权和流动逻辑,包括增长甚至贬值的逻辑都非常清晰。今天人们终于有技术能力,去确权和存证,同时能够上链买卖、记录、交易。这些在以前都不容易,确权很难,存证很难,交易也很难,反复交易就更难了。

NFT是时代的产物,所有能产生NFT的东西都会被时代记录。我们不知道筷子是谁发明的,但要是知道的话,他的创意一定是非常值钱的。为什么我们不知道呢?是因为当时无法确权、记录和交易。过去,有许多创意和艺术作品都无法确权。今天,你在网上画了几幅插画,就可以马上用NFT的模式去确权、交易,可能100年后人们还能查到这幅画的作者是你。每一次交易都很清晰,而且每一次交易,原创者都会得到回报。

NFT让人类终于能把自己的一个想法、一次思考、一个创意变成一种数字通证。这就是技术带来的创意资产。

【案例1】"如花在野"数字艺术藏品

第一批元宇宙 NFT 的拥有者将是谁？

他们可能是最愿意去探索新事物的一群人，可能是曾经在区块链等领域受益的一群人，也可能是一群喜欢艺术的人，还可能是一群全新的创造者。

所以我创作"如花在野"的核心一个是潮艺术，一个是元宇宙。我认为元宇宙的初级状态就是有一群追求潮流的人，进入元宇宙，这个宇宙是分布式的，有很多种美学类型。所以我提出了一个元宇宙美学叫潮宇宙，即潮流元宇宙。这个潮宇宙就是"如花在野"的底层逻辑。"如花在野"的另外一个底层逻辑，是世界观，我给了"如花在野"这个潮艺术 IP 一个完整的世界观，包括如花五世、如花三生、如花七情、如花九欲。而这个世界观，模拟的是一个与我同龄，甚至是比我年轻的人进入潮宇宙后的感受。他们为什么要进入这个元宇宙或者为什么要去买 NFT？我其实是站在人的角度去思考，而不是站在技术的角度去思考，也不是站在经济基础角度去思考。我认为一个人之所以会进入一个新的宇宙或者数字世界，一定是因为他被那个世界观、被那个潮流艺术、被那个交互逻辑、被那个体验概念而感动，有了这份感动他才能沉浸进去，而不是浅尝辄止。所以"如花在野"刚发布时，我们没有预料到它会受到这么多人和品牌的喜爱，我们做了几次 NFT 作品的发布，都快速售罄，我才发现原来这么多人喜欢我的"如花在野"——一个没有鼻子、没有嘴、没有耳朵的形象。很多人问我：你这个"如花在野"怎么连鼻子、耳朵、嘴都没有呢？我说我的这个如花不是现实世界的人，是元宇宙世界的人，他不需要鼻子、嘴、和耳朵,他只要有眼睛,然后五感归一,五种感觉都通过视觉去感受。原本我创造的这个"如花在野"的如花形象就是一个元宇宙形象,所以我希望"如花在野"能成为一个潮流元宇宙的超级 IP。

2022 年 1 月以来,超过 1 万件"如花在野"NFT 数字艺术藏品先后在元视觉、超维空间、阿里拍卖等平台上线发售,全部快速售罄,受到了行业关注。如花和如花宝贝,也已经通过数字人的形式,与深受年轻人喜爱的品牌,比如新时代葡萄酒业代表奥兰酒业、文化符号代表上海红坊文化、国内知名的无人机公司千机创新科技集团等,在 NFT 数字藏品、元宇宙场景打造和品牌营销互动展示方面开展合作。

2022 年 2 月 14 日情人节之夜和 2 月 15 日元宵节之夜,洛可可联手千机创新科技集团在广州珠江新城举行了一场名为"如花之眼"的低空潮宇宙无人机秀,四场表演秀主题分别为"如花回首·万家灯火""如花海洋·年年有鱼""如花花园·千朵玫瑰"及"如花在雪·冬奥绽放",分别对应了节庆、节气与时事,现代科技将穿越了千年的浪漫与情感重新演绎,表达万物如花、自在开放的美好祝愿,尽显中国的科技之美、文化之美、城市之美,展现新时代下人们对美好生活的期盼与畅想,极具观赏性和代入感,借由千机提供的数字技术系统,通过《如花在野》IP 的空中艺术演绎,我们将低空元宇宙概念从虚拟变为现实。

在这场天空艺术秀中我引入了一个重要的概念——如花之眼。在传统观念中眼睛一直被视为心灵的窗口,是表我与真我之间沟通的桥梁。如花之眼在普通眼睛的基础上将概念延伸,幻化成通往每一个元宇宙世界的虫洞。从眼睛进入,代表了每

图 10.1 "如花在野"低空潮宇宙无人机秀

一个人在元宇宙世界所能找到的另一个自己。

而在随后发布的 4 款如花千机低空元宇宙数字藏品也同样深得用户喜爱，4 000 份数字藏品在数秒内售罄。

此外，"如花在野"IP 还携手奥兰中国打造了数款以"如花"形象为酒标的葡萄酒数字藏品，其中《如花在野·奥妙若兰 No.1》NFT，作为第一款元宇宙葡萄酒数字藏品，在阿里拍卖平台上线后，以高达 30 098 元的成交价，掀起了葡萄酒 NFT 数字藏品热潮，开创了一个新奇有趣的数字葡萄酒元宇宙，为消费者们带来创意十足且新颖的消费体验，也为时下年轻群体带来了潮酷葡萄酒新选择。

我认为元宇宙数字艺术藏品是未来的大势所趋，这种藏品绝不仅仅是当下品牌营销的一种表现形式，更是未来企业多维竞争的主要场景，如果一家企业没有在元宇宙世界可交易的数字通证，那么它在未来将是一个单维度企业。

【案例 2】《如花三生》元宇宙艺术展

我认为元宇宙存在于艺术和科技的交汇处，其底层逻辑就是艺术。

这几年，我之所以开始画画、做雕塑、做元宇宙的 NFT 艺术，开始办展，做新的艺术 IP，就是希望用艺术创造一个属于自己的元宇宙世界，拥有一个新身份——元宇宙 AI 艺术家。

第一届（威尼斯）元宇宙艺术年度展——"元气 GENKI"，于 2022 年 4 月 21 日开幕，在此次展览中，担任我的《如花三生》元宇宙艺术展的学术主持陆蓉之老师，是这次第一届（威尼斯）元宇宙艺术年度展的发起人。

我的"如花在野"在第一届（威尼斯）元宇宙艺术展上展出。作为一个元宇宙 AI 艺术家，我以音视频、VR、AR 等多维数字化模式呈现数字元宇宙系列作品，通过架上绘画、如花五世、NFT 虚拟服装、如花千机等多元的艺术内容全方位解读，所呈现的不仅是我个人之于元宇宙的思考，还有在科技成果下，人类艺术史的思考方式与呈现形式的变迁。

我的首个名为"如花三生元宇宙艺术展"的线下潮流艺术个展也已于 2022 年 6 月 12 日—7 月 14 日在北京 798 艺术区 UCCA Lab 北京艺术空间成功举办，展览内容包括《如花在野》系列绘画作品、陶艺作品、雕塑作品、数字 AI 作品。

在《如花三生》元宇宙艺术展中，我延续了对于美学理念的思考，从架上绘画到数字艺术，从科技装置到潮玩雕塑……我在如花世界的"三生元宇宙"中，通过对本生、野生、元生三部分展项内容的递进，和多种艺术呈现方式相结合，打造出沉浸式数字元宇宙艺术空间。

展览自"本生"起，以纪录片、照片、笔记等多种方式呈现我在面对客观世界时的所感所想；在这个世界里，我是设计师、是企业家、是洛可可创新设计集团的创始人，创伤、情爱、梦想、责任，凡俗中的种种丝线相互缠绕，这即是本次展览的缘起，所呈现的真实状态亦是当下众生的所困、所想、所鸣。

在第二部分"野生"中，如花的形象与理念悄然绽放，在这里所有的幻想都被尽情释放。深海、森林、太空，如花尽情穿梭于任何可达的场景，与大自然融为一体，与精灵对话，与植物相通，那些埋藏于心底的童趣与快乐都被放大，或恣意烂

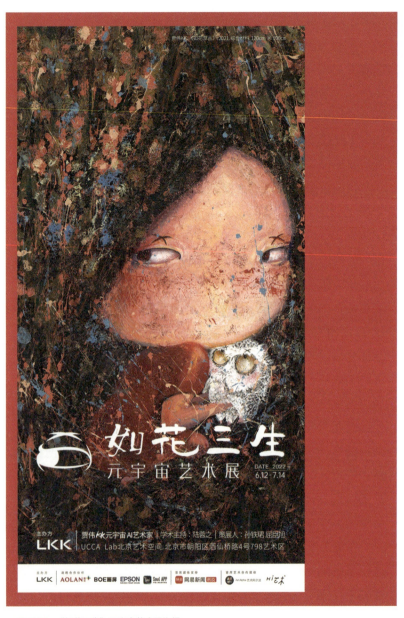

图 10.2 《如花三生》元宇宙艺术展海报

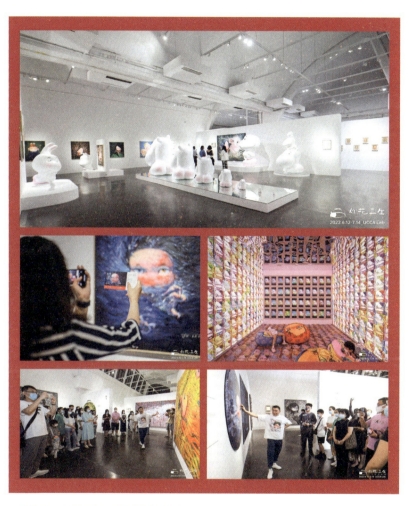

图 10.3 《如花三生》元宇宙艺术展现场

漫，或天真可爱。身为一个艺术家，我期待每一个看到如花的人，都有机会进入身、心、灵、体的"在野"中去。

"元生"作为一个完全虚拟的平行数字世界，如花在其中早已不再拘泥于某一具体的物象，TA 可以是"你"、是"他"、当然也可以是"我"，或是一张扑克牌，抑或是一块石头，甚至是一堆像素。TA 有无数的身份，而不囿于某一具象的呈现，TA 在各种不同的平行宇宙之间来回穿梭，在这个"世界"，实现了真正的自由。

从愤怒叛逆的《如花森林》，到活泼嬉闹的《如花跳马》，再到致敬系列的《如花五世》，这些不同维度、不同情绪的如花尽情绽放。这场艺术展不仅是在新科技蓬勃发展和疫情反复的裹挟下，我自己的思考和转变，更是艺术在面对局限与壁垒后，在形式和观念等方面所实现的新突破。

展览还围绕"万物如花，自在而开"的概念，打造了"如花气味""如花植物"等多种周边衍生产品，营造治愈的观感体验。此外，展览还提供数字藏品（NFT）购买指引，观众凭身份信息认证即可获得独属于自己的数字艺术藏品（NFT）。

在如花元宇宙世界里，每个人都能充分表达自己，每个人都可以用想象力构建一个属于自己的世界。

万物如花，自在而开。

这是一种超越现实、超脱时空、超脱空间的状态。在新的元宇宙世界里找到另一个最真的自己。

如果说我在《元宇宙力：构建美学新世界》这本书中，提出了元宇宙美学理论体系，那么"如花三生元宇宙艺术展"就是我在现实中的一次元宇宙美学实践，在"如花三生元宇宙艺术展"中，时间与空间、虚拟与现实、科学与艺术之间的壁垒都被打破，观众可以充分感受到创造之美、科技之美、想象力之美。

在过去18年的时间里我们的设计团队一直在做现实世界中各种各样的好产品，而在元宇宙中，我们正在创造的是一个一个分布式的平行世界观。每个人都有机会构建自己的平行世界观，而每一个人的平

图 10.4 "如花世界"虚拟空间

行世界观都有着不同形式的美。

　　我认为，未来元宇宙的美一定是脱离现实世界，也是脱离已有的物理定量的，每一个产品不再仅是从设计到结构到模具到生产，而是所有人想象力的表达，不再需要考虑产品的落地性，每个人都是设计师。

　　所以元宇宙时代将是想象力者、创造者最好的时代。

元宇宙设计

在本章开篇，我就说过，元宇宙就像是一片蛮荒的新大陆，所有的一切都需要被重新设计，腾讯 P&P Design 设计总监陈维老师就曾从产品设计角度对元宇宙做出过解读——"元宇宙"时代将是一个以"设计"驱动的时代。

那究竟什么才是元宇宙设计，元宇宙里又需要什么样的设计师，接下来我们将做详细介绍。

什么是元宇宙设计

元宇宙要设计建造的是真实的虚拟世界，与虚实共生的新世界。

化用《盗梦空间》里的台词："假设你是一个建筑师，在现实世界里，你要设计一栋建筑，然而，在元宇宙里，你需要做的，只是去发现。"因而元宇宙设计首先就是发现与创造。

在元宇宙的世界里，人的感知力系统会升级，我们将看到更多的颜色，听到更多的声音，因而元宇宙产品设计要注重感知力美、认知力美、创造力美、想象力美这四美合一。

元宇宙里还需要设计师吗

元宇宙是一个全新的世界，它不是现实的物理世界，而是虚拟的数字世界。

元宇宙是虚拟的，但是搭建元宇宙这件事却是真实的，所以在元宇宙概念中，所有的数字产品，比如家具、服装、建筑等一系列元宇宙虚拟空间里的数字产品，都需要被创造，因而设计师的地位至关重要，甚至在某种程度上，可以说元宇宙里设计师的地位与互联网时代技术研发的地位不相上下。

在现实世界中，需要经过创意、设计、打样、生产、销售等一系列环节，才能将创意转化成一个真正的商品，而且还会受限于当下的生产工艺以及配套供应商的能力，很多设计虽然获得了大奖，但是在现实中并不能转化成好产品这样的现象并不少见。但是在元宇宙虚拟数字世界中，设计即商品，从创意到商品的实现链路变得更加便捷、高效，将摆脱底层制造能力带来的限制，人们可以自由设计炫酷的交通工具、梦幻的居住空间、各种造型新奇的产品……

一个真正属于设计师的时代就要来临了。那么在元宇宙里，设计师需要具备哪些能力呢？我认为有三种。

第一，设计师成为"造梦师"，想象力是撒手锏。

在元宇宙里，设计师有了一个更为准确的称呼——造梦师，他们将不再需要考虑设计理念能否落地，也不必再考虑设计的功能意义，衡量设计好坏与否的唯一标准，就是设计感，因此这也更加考验设计师的想象力和创造力。例如芝加哥地下实验建筑事务所设计的虚拟建筑风格就格外有特色，它用古怪的几何形状、迷人的图案、鲜艳的色彩、悬浮的设计，向我们展示了一个有趣、包容和充满无限可能的未来，展现了设计师丰富的想象力。

第二，在元宇宙里，设计师需要具备场景搭建的能力。

元宇宙探讨更多的是沉浸式体验的虚拟世界，而设计师就是这虚拟世界的实际建造者，社交、游戏、办公、教育、娱乐等场景，都需要设计师从 0 到 1 地去勾勒、建造。如何带给人们跨越时空、阶层限制的新奇体验，同时又不与现实世界脱轨，是设计师需要考虑的主要问题。

第三，设计师将是多重身份的结合体。

在元宇宙里，设计师将拥有很多个身份，艺术家、建筑师、编剧……设计师不仅要会 UI 设计、3D 建模、渲染等专业技能，要有极高的审美能力和天马行空的想法，还要设想与相关场景所匹配的剧情和用户的互动行为，建立新的秩序，等等。

在未来的元宇宙世界里，学校和企业应该重点培养三类设计师：一类是 AI 智能设计，就类似我们的水母智能，用户 3 秒输入需求，3 秒分析，就可以生成 1 万件作品。一类是人＋AI，用户可以借助 AI 智能的效率快速表达出自己想要呈现的美。还有一类就是可以定义大多数人理解的美的设计师或者艺术家。

总之，设计师要基于对元宇宙的理解，做元宇宙的先行者，创造出独立于现实世界的元宇宙美学逻辑，给人类带来全新的元宇宙体验。

设计元宇宙时代的大门已经打开，你准备好了吗？

图 10.5 app 如花世界虚拟场景

后记

设计的世界融合真善美
设计的未来是美善真

我在《产品三观》书中提出微观的用户观、中观的产品观还有宏观的世界观。能不能做对产品,首先要看用户观;能不能做好产品,要看价值观;但是能不能做出强大到颠覆人类生活方式的产品,要看世界观。

设计要构建出世界观,设计师才会有慈悲心和同理心,设计出来的产品才能满足人们的需求,才有可能成为造福人类的经典之作。

本书以洛可可这些年来所参与设计的产品作为介质,让我们看到设计是如何从个人层面、群体层面、社会层面、国家层面,从微观到宏观,把这个世界一层层逐渐构建出来的。

设计出"真善美"的世界

但凡存世流通的产品,无一例外都是在一定时期、一定程度上满足了人们真实的需求,所以这些产品拥有真实的用户,也有真实的使用场景,也真切地让人们感受到了设计给世界带来的改善。如果设计师没有一颗善良的心,就看不到众生的不适,感知不到人们的不便,更不可能有同理心去感同身受,发现问题并解决问题。设计的本质在于解决问题，而人类对于美的需求也在日益增长，所以对于美的创造一直以来也是设计在构建这个世界的重要元素。

设计的世界是真善美的融合。而随着科技的发展、互联网技术的驱动，以及元宇宙时代的到来，人类进行数字化迁移，此时的真实世界与彼时的虚拟世界共融共生。而随着个体的崛起、亚文化多样性的出现、群体身份的认同，人们对美的理解和认知也发生着颠覆性变化。在我上一本书《元宇宙力：构建美学新世界》中，我就从目前已有的元宇宙元素的数字通道，看到了未来世界的美学雏形，我坚信元宇宙时代，是一个千人皆美的时代，那个时候的世界又该如何设计呢？

未来世界是"美善真"的设计

我认为，未来世界一定由"美善真"设计所驱动的，构建的世界是一种有别于我们经历过的原始、农业、工业、信息文明的另一种文明形态。所以我认为未来的设计有五个趋势：

第一，以技能为核心的专业设计将变成以科技为核心的普惠设计。换言之，设计将不再是某一些专业人员才掌握的技能，在科技的帮助下，人人都是设计师。

第二，当人人都是设计师的时候，人与人工智能的设计并存，甚至出现二八法则，其中 20% 是人在完成创造，另外 80% 的创造则是由 AI 主导或者辅助完成。

第三，彼时的人类已经在物质方面得到极大满足，更多的是追求精神方面的满足，所以设计主要解决的问题将是形而上的需求问题，比如：娱乐、社交等。

第四，未来的设计产品将从工业时代批量化、标准化生产的大众商品，变成个性化、定制化的个体商品，设计的世界从关注大多数的宏观需求，变为精准关注每个人的微观需求。

第五，互联网时代在我们现实的世界层面，增加了一个虚拟层面的世界，这个趋势必将在科技的推动下持续。未来，生活场景将从现实转向虚拟与现实结合，再转为虚拟空间。生活场景改变的同时，设计的世界也将必然发生改变。

至此，我认为人类几万年来一直在追求真理的目标，有可能会变为追求真人的目标。在真善美融合的世界中，美善真将成为全新追求。

每个人的个性都需要得以表达和展现，所以"美"这个主观的认知将让未来的世界变得非常多元，美将成为一种生活方式，每个人都可以以自己眼中的美为标准来创造一个属于自己的虚拟世界。而"善"这个价值观始终不变，变化的是"真"，虚拟与现实高度共生的时代，"真"不一定是真实存在，想象出来的世界可能才是真的世界，而想象的切换也会让我们所在的真实世界变成场景流一样的存在。

洛可可曾参与过从微观到宏观的世界设计，并延展到当下以及未来的探索尝试。未来设计的世界，将是一个拥有全新文明形态的世界。我们将持续与时俱进，去探索科技带来的设计行业变革。我希望，未来我们依旧能参与那个世界的设计。

贾伟

2022年12月于北京

参考文献

1. 约翰·赫斯科特.设计,无处不在[M].丁钰,译.北京:译林出版社,2013.

2. 李艳,张蓓蓓.工业设计概论[M].北京:化学工业出版社,2017.

3. 原研哉.设计中的设计[M].朱锷,译.济南:山东人民出版社,2006.

4. 杜绍基.设计思维玩转创业[M].北京:机械工业出版社,2016.

5. 蒂姆·布朗.IDEO,设计改变一切[M].侯婷,何瑞青,译.杭州:浙江教育出版社,2019.

6. 吴声.新物种爆炸[M].北京:中信出版社,2017.

7. 贾伟,邢杰.元宇宙力美学:构建美学新世界[M].北京:中译出版社,2022.